拓展型学习任务群

小学整本书阅读
实践研究

王新军 / 著

中国纺织出版社有限公司

国家一级出版社
全国百佳图书出版单位

内 容 提 要

本书是一本介绍整本书阅读实践研究的专业图书，主要介绍了拓展型学习任务群整本书阅读的理论基础、实施方法和实践效果。通过对多个整本书阅读实践案例进行分析和总结，阐述了如何通过拓展型学习任务群整本书阅读的方式，促进读者在阅读过程中的自主探究和思考，进而提高阅读理解能力和表达能力。此外，本书还介绍了拓展型学习任务群整本书阅读实践中遇到的问题及其解决方法，以及笔者在实践中的体验和反思。通过本书的学习，教师和教育工作者将能够更好地理解拓展型学习任务群整本书阅读的实质和方法，掌握整本书阅读实践的具体操作技巧，提高教学水平和教育质量。

图书在版编目（CIP）数据

拓展型学习任务群：小学整本书阅读实践研究 / 王新军著 . -- 北京：中国纺织出版社有限公司，2024.4
ISBN 978-7-5229-1574-6

Ⅰ.①拓… Ⅱ.①王… Ⅲ.①阅读课—小学—教学参考资料 Ⅳ.① G623.233

中国国家版本馆 CIP 数据核字（2024）第 067086 号

责任编辑：史 岩　　责任校对：王花妮　　责任印制：储志伟

中国纺织出版社有限公司出版发行
地址：北京市朝阳区百子湾东里A407号楼　邮政编码：100124
销售电话：010—67004422　传真：010—87155801
http://www.c-textilep.com
中国纺织出版社天猫旗舰店
官方微博 http://weibo.com / 2119887771
三河市延风印装有限公司印刷　各地新华书店经销
2024年4月第1版第1次印刷
开本：880×1230　1/32　印张：7.5
字数：234千字　定价：99.90元

凡购本书，如有缺页、倒页、脱页，由本社图书营销中心调换

序言

"整本书阅读"虽然纳入语文课程时间不长,但不是一个新鲜的词汇。

在中国传统教育中,教材体系始终是两条线并行的,一条是以"四书""五经"为主的"整本书",一条是以《古文观止》《唐诗三百首》等为主的"选本"。读整本书脱胎于"读经",已经有几千年的历史了。

1941年,叶圣陶在《论中学国文课程标准的修订》中对"读整本的书"提到:"把整本书作主体,把单篇短章作辅佐",这是叶圣陶第一次明确提出要读整本书,叶圣陶老先生也是真正将"整本书"阅读思想阐述完整的人。叶圣陶老先生所说的阅读整本书不是学生自发的课外阅读,而是列入教学计划的教学内容,是一种深度阅读,需要教师在阅读前后进行指导和考查。自此整本书阅读正式进入课程教学。

2017年版《普通高中语文课程标准》正式把整本书阅读以学习任务群形式作为高中语文课程教学内容,"整本书阅读与研讨"在18个学习任务群中位列首位,这是阅读教学本质的回归,这是将整本书阅读纳入语文课程体系的起点。

2022年版《义务教育语文课程标准》一共设置6个任务群,其中整本书阅读任务群位列拓展型学习任务群首位。这样的课程设计是对现行语文课程中单篇阅读教学、开展群文阅读活动的必要补充与提升,这样的课程设计是为了培养学生终身阅读能力，这样的课程设计更是为了全面提升学生语文学科核心素养。

2022年版《义务教育语文课程标准》对整本书阅读的顶层设计高屋建瓴、具体详实，拓展型学习任务群整本书阅读紧紧围绕课程目标、内容、组织与呈现方式、学业质量评价以及教材编写等内容进行细致描述，为广大教师系统开展整本书阅读活动提供方向指引。

关于开展整本书阅读的系列举措是对一线教师整本书阅读教学探索与实践的进一步肯定，并试图以政策文件的形式引领更大更广范围的整本书阅读实践与探究。

从脱胎于"读经"的读整本书，到将整本书阅读纳入语文课程体系，是我们必须面对又必须妥善解决好的新问题。但是怎样组织实施整本书阅读保质保量完成学习任务，怎样解决实施过程中遇到的疑难困惑，对相当数量的教师而言，无疑是一种新问题，是一种新挑战。

面对新问题，面对新挑战，我们一线教师既需要解决整本书阅读中概念能力和理念能力的构建，又需要专家、教授对整本书阅读教学实践中困惑的指点迷津、排忧解难，更需要一线教师实践层面的操作指导案例。

从2003年起，我所任职的学校——禹城市实验小学就开始有系统地开展经典阅读推广工作。记得当时我们学校邀请了山东教育社陶继新社长，为开展经典阅读工作推波助澜。此项经典阅读活动历时十多年，广大师生受益多多。期间，我参与了山东省重点课题《阅读中外经典享受读书乐趣》的研究，在研究过程中我对阅读经典有了更深刻地认识，工作中实践了许多阅读经典做法，同时还参与编写学校校本课程《禹城市实验小学经典阅读读本》的工作。

一直到2015年，为了将经典阅读工作进一步推向深入，我所任职的学校——禹城市实验小学与浙江省绍兴市莫国夫教授联系，成立了全国首家"莫国夫儿童阅读研究中心"。期间，我作为学校培养的骨干教师多次参加两地儿童阅读互动研学活动项目。2018年，禹城市实验小学申报的教改项目《基于种子教室的儿童阅读推进探索与实践》获山东省基础教育教学成果一等奖。

2019年，我作为主持人申报德州市教育规划重点课题《基于阅读素养的整本书精准阅读实践研究》，开启了整本书阅读教学研究的新征程。经过三年多的实践研究，该课题已于2022年6月顺利结题。

这本书是我对近二十年阅读教学研究的一次梳理。本书开宗明义，首先对课程标准将整本书阅读纳入语文课程体系，做了理念上的深刻思考，以帮助老师们提升对整本书阅读的高点站位；然后对课程标准关于整本书阅读的解读分析，以便教师对整本书阅读明确方向，清晰目标，全局在胸；同时，还对实施整本书阅读的组织者、实施者——广大一线教师，提出进行教师阅读力培养与提升的路径与策略，因为"教师的阅读力某种意义上决定了学生的阅读力"；学习国内语文整本书阅读专家理论，结合自己实践经验，重点对整本书阅读的指导方案进行建构，对阅读中教学案例进行反思剖析，力争阐述具体、实在，便于操作、实践；其中还对整本书阅读中的个性化指导做了整理总结。

这本书是我在多年开展整本书阅读探索实践的基础上，梳理与总结多层面经验而形成的学习成果，包括整本书阅读教育教学理念思考、教师阅读力培养与提升、教学方案指导建构、教学案例整理分析等内容。

期盼在整本书阅读探索实践的初始阶段，本书能给教学第一线语文同行解决实践中的疑难、困惑以启迪，能帮助老师们将整本书阅读进一步推向深入。

王新军
2023 年 1 月

目录

第一章　将整本书阅读纳入语文课程的思考……………… 1

　　第一节　厘清整本书阅读的三个核心概念 …………… 4
　　第二节　把握整本书阅读在课程标准中的定位 ……… 6
　　第三节　整本书阅读教学的研究现状 ………………… 9
　　第四节　思考整本书阅读的价值 ……………………… 12

第二章　整本书阅读课程标准解读……………………… 21

　　第一节　课程标准对整本书阅读数量的规定 ………… 22
　　第二节　课程标准对整本书阅读的学业评价标准 …… 29
　　第三节　课程标准对整本书阅读教学实施的建议 …… 34

第三章　整本书阅读的教师阅读力培养………………… 41

　　第一节　阅读力，教师持续成长的动力源泉 ………… 42
　　第二节　培养教师阅读力的困境 ……………………… 45
　　第三节　培养教师阅读力的路径与策略 ……………… 49
　　第四节　培养和提升教师阅读力不止一种方法 ……… 63

第四章　整本书阅读指导方案建构……………………… 79

　　第一节　根据阅读目的和兴趣选择书目 ……………… 81
　　第二节　激发动机与兴趣 ……………………………… 98
　　第三节　通读与感知 …………………………………… 105

1

　　　　第四节　研读与欣赏 …………………………………… 112

　　　　第五节　分享与交流 …………………………………… 118

　　　　第六节　个性化阅读指导 ……………………………… 121

第五章　整本书阅读课型模式研究 ……………………………… 125

　　　　第一节　整本书阅读前的导读课 ……………………… 126

　　　　第二节　整本书阅读中的推进课 ……………………… 152

　　　　第三节　整本书阅读中的研究课 ……………………… 173

　　　　第四节　整本书阅读后的分享课 ……………………… 203

后记 …………………………………………………………………… 229

第一章
将整本书阅读纳入语文课程的思考

"整本书阅读"虽然纳入语文课程时间不长,但不是一个新鲜的词汇。

在中国的传统教育中,教学使用的教材体系始终是两条并行的线,一条是以"四书""五经"为主要内容的"整本书",另一条是以《唐诗三百首》《古文观止》等为主要内容的"选本"。因此可以说,整本书阅读脱胎于"读经",已经有几千年的历史了。

1941年,我国著名教育家叶圣陶在《论中学国文课程标准的修订》中对"读整本的书"提到,把整本书作主体,把单篇短章作辅佐,这是叶圣陶老先生第一次明确提出要读整本书。因为历史条件的限制,叶圣陶老先生只对初中、高中阶段提出了读整本的书的要求,当时并未提及小学阶段对整本书的阅读的要求。

1949年,我国《中学语文科课程标准》中做了这样的表述:中学语文教材除单篇的文字外,兼采书本的一章一节,高中阶段兼采现代语的整本的书。但是,叶圣陶老先生的读整本书的教育思想在当时并没有引起足够的重视,当然更没有在实践中得到检验。

历史的钟摆走到今天,全民阅读已经成为在世界范围内讨论的主题,整本书阅读也从婴幼儿阶段开始了。所以,在小学阶段进行整本书阅读成为必须要做好的事情。

2001年7月我国教育部制定的《全日制义务教育语文课程标准(实验稿)》中有这样的表述:"培养学生广泛的阅读兴趣,

扩大阅读面，增加阅读量，提倡少做题，多读书，好读书，读好书，读整本的书。"

而 2011 年 12 月我国教育部制定的《义务教育语文课程标准（2011 年版）》中关于整本书阅读也做了这样的描述：要重视培养学生广泛的阅读兴趣，扩大阅读面，增加阅读量，提高阅读品味。提倡少做题，多读书，读好书，读整本的书。

2017 年 1 月，我国教育部制定的《普通高中语文课程标准 2017 年版》正式用"学习任务群"的形式重构了高中语文课程的内容，"整本书阅读与研讨"任务群更是位列高中阶段的语文学习任务群之首，不仅从课程层面肯定了整本书的阅读价值，而且将整本书阅读真正纳入了语文课程的体系中来。整本书阅读以学习任务群为主要内容组织与呈现方式，也就是说，整本书阅读任务群应该紧紧围绕整本书的内容，精心设计相互关联的系列学习任务，所有活动共同指向读通、读懂、读透、读好整本书，最终指向学生核心素养的发展。《普通高中语文课程标准 2017 年版》这一举措不仅在文件政策上进一步肯定了一线语文教师对整本书阅读的个体性探索与实践，同时试图以权威的政策文件引领范围更广的整本书阅读实践与探究。

我国教育部制定的《义务教育语文课程标准（2022 年版）》中指出，倡导少做题、多读书、好读书、读好书、读整本书，注重阅读引导，培养读书兴趣，提高读书品味。其在课程内容组织与呈现形式中共设置三个层次六个任务群：第一层次基础型学习任务群，包含一个任务群：即语言文字积累与梳理任务；第二层次发展型学习任务群，包含三个任务群：实用性阅读、文学阅读与创意表达和思辨性阅读与表达；第三层次即为拓展型学习任务群，包含整本书阅读和跨学科阅读两个任务群。

《义务教育语文课程标准（2022 年版）》对整本书阅读的顶

层设计与要求更为具体、翔实，紧紧围绕整本书阅读的课程目标、学习内容、内容组织与呈现方式、学业质量描述和教材编写等内容进行细致、详细的描述，为广大语文教师系统开展整本书阅读活动提供了明确的方向指引。

我们以前以为教学不过是形而下的若干操作规则，因此总不免痴迷于一些雕虫小技，停留在"术"的层级。而作为整本书阅读这一拓展型学习任务群的开展来说，如果我们仍然停留在"术"的层级，用那种只管过程、不问起点，埋头拉车、不看道路的"垂直型"思维，那么，我们的教学思路与寓言当中那个"南辕北辙"的先生没有什么区别。我们不仅要执着于对"术"的层级的研究，更要执着于对"道"的层级的战略构建，战略思维可以摒弃"术"的许多弊端，更具有哲学特质，它有一个鲜明的特色——对一切事物的前提进行批判，黑格尔把这种批判形象地比喻为"清理地基"。在哲学视角下，一切前提都不是必然的，都应该进行追问与批判：为什么选择这个点作为思考的起点？这个点适合作为起点吗？是否还有更恰当的点？这些思维告诉我们，在思维开始之前，不要草率深入，而是先对若干起点做一番比较鉴别，通过一系列的横向比较、分析、判断，最后再确定研究的起点。这是一种决策，是一种战略上的审慎，更是一种"道"的智慧。

基于这种考虑，本书在第一章将对整本书阅读纳入《义务教育语文课程标准（2022年版）》做深度思考，其中记录了许多专家、学者对新课程标准使用情况的讲话、培训、讲座内容等，当然，也结合了著者在整本书阅读实践活动中的一些想法，希望这些思考能够为我们开展整本书阅读做一个比较高的阅读战略思维建构，以期指导以后的阅读实践活动。

第一节
厘清整本书阅读的三个核心概念

我们为什么要进行整本书阅读研究，怎样开展整本书阅读研究？开展整本书阅读要读哪些书？在解决这些问题之前，我们首先要厘清三个核心概念：整本书、整本书阅读、整本书阅读教学。

需要厘清的第一个核心概念：整本书。

"整本书"这个概念对于语文教学研究来说，有太多的需要进一步梳理的地方，如果茫然应用，教师就会不知所措，而学生也会徒劳无功。整本书阅读与课外阅读相比，它不仅是语文课堂阅读的延伸、补充，还是一种深度阅读指导，以创新的方式传递丰富的核心学习内容，引导学生有效学习并形成阅读能力，因为在整本书阅读活动中有教师的指导、有教师对学生的监控。

整本书阅读是相对于篇章教学而言的，具有以下几个特点：精神上的独立性，思想上的完整性，文化中的传承性，生命中的独特性。它努力打破篇章阅读的狭小格局，积极寻求以整本书为载体，深刻引导学生体会作者的思想精华，帮助学生养成良好的读书习惯。

所以这里所说的"整本书"，主要指教科书所涉及到书，以及课程标准"关于课外读物的建议"中推荐阅读的书，有以下四种情况：

一是教科书在"快乐读书吧"中提到的书；

二是教科书里节选的那些书；

三是课后"阅读链接""资料袋"等栏目提到的书；

四是课程标准"附录2"推荐的（未被教科书提及）的书目。

需要厘清的第二个核心概念：整本书阅读。

整本书阅读在语文课程标准中出现的时间不长，但并不是一个新提出的概念，相反，其存在的历史已非常久远。

在春秋战国时期，我国大教育家孔子就主张："不学诗，无以言。""诗"就是整本书；而到了隋朝时期，四书五经成为科举考试的重点，"四书五经"也是整本书；唐朝的科举要求阅读《老子》《庄子》等道家整本著作，无用赘述，这是整本书；清政府规定《春秋左传》《周礼》两书为学习内容，这也是整本书。从以上这些可以看出，整本书阅读在早期虽无"整本书"之言，但已有整本书阅读之实。

随着社会的不断发展，整本书阅读得到了人们一定的关注。梁启超不仅向当代学生列出了《国学入门书要目》，还在此基础上形成了《要籍解题及其读法》的课堂讲义，这是我国较早的整本书阅读教育理念。胡适则明确倡导整本书阅读，为学生列出了《最低限度的国学书目》，大力主张课堂上不需要逐句讲解，只需质疑和讨论，这一点与我们现在倡导的整本书阅读在内涵上具有高度的一致性。叶圣陶先生也在课标中提出：培养良好的阅读习惯要依靠整本书阅读来进行。

整本书阅读能够突出学生的个性，最大限度地促进学生积极主动的发展。因此，在积极推进语文学科核心素养的今天，开展整本书阅读无疑成为最好的选择，整本书阅读是语文课程改革的风向标。

整本书阅读与以前的单篇阅读相比，更重在一个"整"字，更强调阅读的"面"，而非单篇阅读的"点"，仅强调深入、细致地挖掘某一点的内容，在某一点进行深入、细致地挖掘可能造成阅读整体的支离破碎，不容易让读者进行整体的架构，而忽视一个"整"。所以，整本书阅读不仅是落实语文学科素养的有效途径，更是学生丰富、体验、构建完整精神世界的重要途径。

需要厘清的第三个核心概念：整本书阅读教学。

首先，整本书阅读更加注重教学的系统性、完整性。教师利用各种教学手段将整本书的内容进行统整、讲解，将文本前后进行关联学习，突破单篇短章的片面性，帮助学生从文化、审美、思维、语言等角度形成更为完整的认识，更便于学生形成个性化的阅读体验。

其次，整本书阅读教学其更加强调学生阅读的自主性，强调学生在教师引导下体验阅读，养成终身受益的良好阅读习惯，培养高水平的阅读能力，构建积极向上的精神风貌。

在研究过程中，我们通过广泛阅读大量国内学者对整本书阅读教学的文献，发现整本书阅读大多以三种或四种课型为一个完整的教学为依托。

因为阅读源远流长并具有其特点，所以说整本书阅读教学与传统意义上的语文教学紧密相关，其不仅与阅读教学高度相关，同时与口语交际、习作等领域有着密不可分的联系。所以说，整本书阅读教学不仅要成为语文教学的延伸和补充，更应具有学科课程意识，更应具有创新意识，努力帮助学生 从文化自信、语言运用、思维能力审美创造等角度提高语文学科核心素养。

第二节
把握整本书阅读在课程标准中的定位

"整本书阅读"被《义务教育语文课程标准（2022版）》郑

重地写进其中，首次以具体、翔实描述的形式明确了其教学的目标、内容及要求。其主要变化表现在三个方面：

第一个变化是课程目标要求由量变转向质变，倡导"养成良好的读书习惯，积累整本书阅读的经验"。《义务教育语文课程标准（2022版）》对阅读提出了更具体的要求——不能把阅读当作形式任务，而是要变成终身习惯，不能光读整本书，更要掌握阅读方法与经验。

第二个变化是学段目标明确描述了义务教育四个学段阅读整本书的目标和要求，体现了整本书阅读在不同学段的连续性和差异性。课程标准在"阅读与鉴赏"部分对整本书阅读提出了具体要求，从"尝试阅读"到"阅读整本书"，从"初步理解主要内容"到"把握文章的主要内容"，从"用自己喜欢的方式向他人介绍读过的书"到"主动和同学分享自己的阅读感受"，再到"积极向同学推荐并说明理由"，阅读内容从易到难，阅读要求逐步提高，学段目标前后贯通，遵循学生的认知发展规律，与每个学段的语文教学目标相一致，成为语文学习的一部分。"整本书阅读"作为课程标准的专项内容，并提出具体要求，体现了整本书阅读在语文学习过程中的重要地位，给教师教学提出了清晰而明确的思路。教师不仅知道"整本书阅读"该怎么教，而且知道每个学段要教到什么程度。

第三个变化是课程内容新设置了拓展型学习任务群——整本书阅读，其学习内容中明确提出了义务教育四个学段应该读什么。课程标准将整本书阅读的学习内容按学段划分，每个学段安排了三项内容，每一项都是按照学生阅读能力的发展层层递进，螺旋式上升。例如，第一项的学习内容为革命文化类的书籍：第一学段，"阅读富有童趣的图画书等浅显的读物，体会读书的快乐"；第二学段，"阅读表现英雄模范事迹的图书，讲述英雄模范

7

的动人故事"；第三学段，"阅读反映革命传统的作品，讲述自己感受到的家国情怀和爱国精神"；第四学段，"阅读革命文学作品，体会评析革命领袖、革命英雄的爱国精神和人格魅力"，四个学段读物内容逐步宽泛，阅读视野逐步开阔，阅读要求逐步加强，能力训练逐步提升。《义务教育语文课程标准（2022版）》这样的设置恰当而理性，让学生明白，整本书阅读的过程是从内容入手到自我阅读感受的建构，再到深入理性思辨的过程，环环紧扣，步步为营。第二学段和第三学段学习内容的编排也是如此，内容、要求、目标，均依据学生年龄特点、知识储备、能力发展循序安排，梯度明显，衔接紧密，给教师教学提供了准确清晰的依据。随后更是在附录中提到了关于课内外读物的建议。学习任务群让整本书阅读由无序逐步走向有序，由感性逐步走向理性，由独立逐步走向融合。

经过仔细分析就会发现，整本书阅读在《义务教育语文课程标准（2022年版）》中的存在感越来越强，不容忽视。由此可见，我们更应该从小就开始重视培养孩子的阅读兴趣、阅读习惯、阅读能力等。因为对于孩子们来说，"阅读"不仅是为了"应试"，在长久的成长当中，阅读使人开阔眼界，如行"万里路"，更能使人充实精神世界。基于以上认识，本书第一章将对整本书阅读纳入语文课程体系做一个深入的分析。

《义务教育语文课程标准（2022年版）》在篇章阅读的基础上强调阅读整本书，其目的就是引导广大师生在宏大的阅读气场中，在开阔、具体的阅读时空中，促使广大师生有信心、有能力构建丰富的精神世界。认识整本书阅读在《义务教育语文课程标准（2022年版）》中的定位，可以为今后开展整本书阅读活动提供理念上的指引，为行动导航。因此，我们今日即便对整本书阅读有更高的期许，也是不为过的。因为我们在指导学生整本书阅读的过程中，这种阅读力量与学生的青春年华即将相遇，那会是幸福的！也会是幸运的！

第三节
整本书阅读教学的研究现状

现在，整本书阅读在全国呈现方兴未艾之势，但是在此过程中，出现了许多与阅读初衷相悖而行的行为：在实际工作中为阅读而进行阅读、为考试而进行阅读、为炫耀阅读成果而进行阅读的现象还不同程度的存在。为了更清楚地再现当前整本书阅读教学的现状，本书把近几年研究德州市教育科学规划重点课题《基于阅读素养的整本书精准阅读实践研究》时的现状调查分析如下。

一、课题简介

2019年，笔者主持申报了德州市教育科学规划重点课题《基于阅读素养的整本书精准阅读实践研究》。该课题针对山东省禹城市泺清河小学语文整本书阅读教学存在的学生阅读资源不足、学生阅读缺乏交流、教师缺乏阅读指导经验等问题展开研究，通过文献研究法、课堂观察法、案例研究法等方法的研究，切实改变了整本书阅读课堂效率低的问题，引领教师发现并研究自己在儿童阅读推进中的真实问题，研究整本书精准阅读课程的目标、内容、方法、评价等，探索培养阅读素养的整本书精准阅读基本范式，总结了小学阶段整本书精准阅读预测、建立联系、推论、自我提问、确认重要信息、理解监控六大策略，并对小学低、中、高三个学段分别进行探索，总结出低学段学生应侧重复述、了解作者,中学段学生应侧重书中人物的性格变化,高学段学生则应侧重对书中人物进行对比。通过为期两年的课题研究,已经德州市教育科学研究院鉴定结题。课题研究成果对改进学校的整本书阅读教学研究实践,促进教师专业发展,促进学生的阅读素养的形成起着积极的作用。

二、现状调查分析

为了解该校学生整本书阅读的现状和精准性,充分调查阅读课堂学生的学习状态,教师阅读教学方式方法对学生阅读内容的影响等,针对各学段、各年级学生对整本书阅读的学习态度、整本书阅读课堂教学指导、整本书阅读课堂问题创设、整本书阅读课后阅读情况、整本书阅读课堂评价等方面制作调查问卷,对该校一至六年级师生进行抽样调查,并对调查结果进行细致的分析、总结。

(一)当下整本书精准阅读教学的可喜之处

该校参与调查的632名学生的调查问卷显示,课外阅读已经成为小学生的主要生活内容,他们普遍对阅读课外书有一定的兴趣。该校参与调查的36位语文教师中,近80%的教师积极学习课程标准,及时更新教学理念,积极实施课外阅读,有效地推动了学生阅读的进程。

(二)当下整本书精准阅读教学存在的问题

1.学生方面存在的问题

(1)学生阅读资源不足。

(2)学生阅读内容不佳。学生喜欢的课外读物类型集中在动漫科幻、玄幻恐怖上,占调查人数的80%;喜欢文学名著等与语文相关的书籍的学生占8%;另外还有3%的同学不喜欢任何阅读书籍,只喜欢利用时间玩游戏。

（3）学生的阅读习惯尚未养成。学生的课外阅读只凭兴趣或是老师的要求，没有养成自觉主动阅读的习惯。

（4）学生阅读缺乏交流。有的小学生其实很爱看书，但是不爱交流。孩子喜欢沉浸在自己书本世界中，家长非要孩子来说一说感想。孩子爱看书但不爱交流，是因为他在所处的阅读环境中，找不到交流的渠道。我们确实需要重视语言表达能力，通过阅读进行复述或者分享交流自己的读后感，提高学生语言表达能力。

2. 家长方面存在的问题

调查问卷显示，整本书阅读的效果与家长的期待不匹配。现在的学生家长都知道读书很好。但是家长需要的是投入少见效快的速成办法。当孩子在课外辅导班拿着一本书偷偷看的时候，当孩子突然喜欢读诗歌写诗歌的时候，当孩子读了大量的书，阅读和习作并没有显现出应有的投入产出比时，家长就会有不同的声音。

调查问卷显示，整本书阅读缺乏良好的阅读氛围。一个不读书的家庭怎能去引领孩子读书？这样的阅读氛围令人堪忧。

3. 教师方面存在的问题

教师对于学生阅读方法的指导不到位，学生缺乏阅读方法，阅读效率难以提高。这样的阅读行为，就会使学生逐渐失去对整本书阅读的兴趣，更不用谈整本书阅读的效果了。所以，教师对整本书阅读理论知识了解甚少、阅读意识不足、参与阅读没有方法、策略等问题，是阻碍整本书阅读效率提高的关键问题，是亟须解决的问题。

当下整本书精准阅读与整本书考试评价之间的错位，使许多阅读认真的孩子在考试中遇到整本书阅读题时并没有优势。因为考试考查的并不是阅读整本书后的能力，而是知识的简单记忆，或者是变相地对教材内容的仿写。

三、对整本书阅读存在问题的思考

法国作家安托万·德·圣-埃克苏佩里说的一段话对我们开展整本书阅读极具启发力。他说,"如果你要造船,不要招揽人来搬木材,不要给人指派任务和工作,而是要教他们去渴望那广袤的大海。"我们细思、细品这段话,就会发现现在不少地方开展整本书阅读活动的过程可能恰恰与这句话所提倡的相反。这也使在阅读过程中,教师和学生迷失了自我,我是谁?我怎么样?在真实阅读中都不重要且不存在——这样的阅读会给人造成沉重负担,无趣也无味。从阅读的内在状态来看,书与人失去了内在的关联,可能会破坏学生终身阅读的习惯,他们怎么会去追寻那渴望的书籍大海?

在近3年的研究中,我们"基于阅读素养的整本书阅读实践研究"课题组成员对整本书阅读进行了大量的文献整理、归纳、吸收,同时进行了小学三个学段的实践探索,积极进行整本书阅读的经验和教训的反思记录和整理,期望为整本书阅读尽自己的微薄之力。

第四节
思考整本书阅读的价值

今天,整本书阅读已纳入《义务教育语文课程标准(2022年版)》。整本书阅读作为拓展型学习任务群之一,位列拓展型学习任务群之首。那么,整本书阅读学习任务群的进步性和价值究竟表现在哪里?经过不断地学习各位专家学者的讲座,我的思考经历了以下路程。

　　法国存在主义哲学大师萨特在其《萨特自述》中曾经如此感慨："我既没有在地上和过泥巴，也没有上树去掏过鸟窝，我从没有采集过花草，也没有拿石头朝小鸟扔去。书本就是我的鸟和我的鸟窝，是我的宠物，是我的马儿，是我的同伴；这图书室就是一个镜子般的世界，从中我可以看到一切；它有这一世界的无穷奥秘变化和不可预见性。"

　　从法国存在主义哲学大师萨特所谈的内容当中，我们可以正确认识整本书阅读最重要的价值：整本书阅读能够培育每一位读者的精神家园。一个人的精神发育成长需要阅读整本书。一个人的精神发育成长就是他阅读经典的历程。如此，我们就可以逐步认识整本书阅读作为一个拓展型学习任务群进入《义务教育语文课程标准（2022年版）》的重要性所在。

　　将整本书阅读纳入语文课程体系中，意味着整本书阅读是永久性的、基本的任务，是日常教学内容；意味着整本书阅读要遵循认知规律，要重新思考整本书阅读对于人的思维发展和习惯的重要性；意味着整本书阅读的推行倒逼教师跳出传统阅读教学的"舒适圈"，不断提高个人的能力与素养，走进成长地带。因为整本书阅读不同于篇章阅读，也不同于精读和略读，它是一种深度阅读，要求我们以创新的方式向学生传递丰富的学习内容，引导他们的学习，促使他们将所学付诸应用，帮助他们养成良好的读书习惯。整本书阅读活动要求教师带领和指导学生用在语文课上学到的阅读方法、策略去自主地阅读整本书的教学过程。

　　将整本书阅读纳入语文课程体系中，意味着整本书阅读进入课程开发阶段，教的不仅仅是阅读一本书，而是学会一门课程。也就是说，教师需要确定整本书的学习价值，确定整本书阅读的教学目标，挖掘其教学内容，整合教学资源，并将其以多样化的形式和活动呈现出来，探索多种课型以支撑整本书阅读教学，实现整本书阅读的价值。因此，整本书阅读需要教师具备课程开发的意识和能力。整本书阅读必将为学生与教师的成长奠定极为厚实的基础。

那么，为什么要将整本书阅读纳入《义务教育语文课程标准（2022年版）》？对于这一问题，我通过学习和思考得到以下答案。

第一，整本书阅读是语文课程学习的基础。

1941年，我国教育家叶圣陶先生在《论中学国文课程标准的修订》一文中明确提出要"把整本书做主体，单篇短章做辅佐"。他认为如果以整本书做教材，那么在中学阶段，虽然只能读有限的几本书，但是那几本书是真正用心去读的，这就养成了读书的能力和习惯；读整本书还可以进行各种文体知识的研讨及文体阅读的训练；读整本书可以使学生更加专一，阅读效果更好。

20世纪80年代前后，上海育才中学校长段力佩进行了极为大胆的语文教学改革，他把我国的经典名著作为初中阶段的语文教材，教师只用一学期的三分之一多一点的时间完成语文课本的教学，其余时间则用来引导学生阅读整本书。他认为，语文教材必须使学生有生活感受，这个感受是逐步上升的。育才中学经过一年半的读书实践，收效很大，结出了丰硕的教学成果。

20世纪90年代前后，山东省龙口市实验小学就以出色的"大量读写，双轨运行"教学改革实验课题而享誉全国。1997年为全国素质教育现场会提供现场，2014年这一教学改革成果获教育部首届基础教育成果二等奖。朱作仁教授考察过龙口实验小学后赞不绝口：大量读写、读写结合是教语文，也是学语文的规律。

据 2022 年 12 月 6 日的《烟台日报》报道："一主两翼，读写一体"走出教学改革新路：龙口市"大量读写，双轨运行"教学现场会在实验小学召开。在新时代，这一教学改革成果更上一层楼，"大量读写，双轨运行"不再限于语文学科，而是走向全学科、全领域阅读。现场会上，语文、数学、英语、科学 4 个学科 8 节精彩课例，呈现了读写一体化的魅力，充分展示了实验小学以阅读为本的课堂教学改革成果。在推动全学科阅读教育改革中，学校研制阅读书单，为学生提供适合的阅读书目；规划阅读时间，为学生提供充足的时间保障；规划阅读序列，为学生提供丰富的活动平台；加强方法指导，为学生提供科学的阅读方法；注重多元评价，为学生提供持久的阅读动力。一系列合理规划在全校营造了浓厚的阅读氛围，让阅读活动向高品质延伸。

20 世纪 90 年代，山东省潍坊市北海学校语文教师韩兴娥开展的"课内海量阅读"，曾被《中国教育报》等多家报刊报道，韩兴娥把教女儿认字、读书的做法迁移到课堂教学中，从而使学生没有家庭作业却个个考试成绩优秀，全班没有一个差生。

孩子一旦爱上阅读，学语文就轻松多了。

从以上几个开展语文教学阅读的成功案例叙述中可见，整本书阅读是提高语文教育教学水平的一件利器。因此才有了 2001 年 7 月出版的《语文课程标准（实验稿）》在教学建议部分的表述，培养学生广泛的阅读兴趣，扩大阅读面，增加阅读量，提倡少做题，多读书，好读书，读好书，读整本的书。后来有了《义务教育语文课程标准（2022 版）》"整本书阅读"被郑重写进了课程标准中，首次以具体内容描述的形式明确了目标、内容及要求，并首次以整本书阅读作为拓展型学习任务群之一，位列拓展型学习任务群之首，正式纳入语文课。

整本书阅读被纳入语文学科课程标准，这也是语文课程改革的有力举措之一。阅读对于一个人成长的重要性，不言而喻。义务教育语文统编教材总主编温儒敏老师指出，没有阅读量，语文能力便无法得到提升。整本书阅读旨在提升语文核心素养，帮助学生锻造"在别人的知识与灵魂中散步"的利器，指引其寻找一生的思想陪练，发现思想路标，筑牢精神之基。

拓展型学习任务群整本书阅读的价值主要体现在以下几个方面。

整本书阅读的价值一：拓宽学生的阅读视野。

北京大学中文系的曹文轩教授指出："一个孩子必须阅读规模较大的作品，随着年龄的增长，越应当如此。因为大规模的作品，在结构方式上，是与短篇作品很不一样的。短篇作品培养的是一种精巧和单纯的思维方式，而长篇作品培养的是一种宏阔、复杂的思维方式。"整本书阅读所完成的不只是语文听说读写训练，而是重点放在阅读兴趣、习惯、速度、策略等。学生阅读量的积累从本质上是文化底蕴的积淀、语言运用的充实、思维能力的提升、精神营养的丰厚。而这一切的背后，都取决于学生阅读视野的拓宽与转变。因此说，整本书阅读的价值首先体现在为学生阅读视野的拓宽提供了坚实、有效的载体。整本书阅读为学生体会中华文化、世界文化的博大精深，为熟悉不同地域的文化特点，树立尊重各国、各民族文化的价值取向，借鉴、吸收其中的精华，从而实现自身的创造性发展。

整本书阅读的价值二：提升学生的元阅读能力。

《义务教育语文课程标准（2022年版）》"根据阅读目的和兴趣选择合适的图书，制订阅读计划，综合运用多种方法阅读整本书"等语言的描述，其本质上指向的就是元阅读能力的培养。什么是元阅读？简言之元阅读就是通过把阅读的思维过程外化，让读者更清楚地意识到自己的阅读过程，进而不断调节和改进自己水平的阅读。虽然单篇阅读、群文阅读的方法和策略可以迁移到整本书阅读中，但是，整本书阅读决不是单篇阅读、群文阅读的简单延伸和平面拓展，而是一种阅读能力的升级与升华，这种升级与升华就是让学生知道阅读是可以运用哪些有效的阅读策略，以及清楚地知道这些阅读策略在什么条件下可以选择，同时还知道灵活运用。因此说，整本书阅读的价值还体现为提升学生的元阅读能力提供策略方法。整本书阅读为学生认知能力提高了可能，学生在整本书阅读中透过现象发现不变的本质，体验不断认识、思维发展的变化，从而促使原阅读能力不断提升。

整本书阅读的价值三：培养学生的终身阅读习惯。

整本书阅读的终极目的是培养学生终身阅读的习惯。要让学生养成终身阅读的习惯，却不教学生阅读整本书，这是无论如何也说不通的。对此，叶圣陶先生早就有过精辟论述，他指出："平时教学单篇短章，每周至多两篇，以字数计，至多不过四五千字；像这样迟缓的进度，哪里是读书习惯所许可的？并且，读惯了单篇短章，老是局促在小规模的范围之中，魄力就不大了；等遇到规模较大的东西，就说是两百页的一本小书吧，将会感到不容易对付。这又哪里说得上养成读书习惯？"虽然，就目前的实际教学而言，叶圣陶先生所讲的单篇阅读的频次、容量及周期等，都有所变化。但是，根本性的一些阅读问题，如迟缓的进度、局促的视野等，则几无改观。

让学生更清楚地懂得读书必须是自主学习，而不能处于被动的地位，使自己积极参与到语文阅读教学课程当中，并养成较好的读书习惯和读写能力，这既是学校教学的首要目标，又是语文学科学习的关键任务。

第二，人的成长离不开整本书阅读。

整本书阅读是中国古人的常态阅读。中国古代学子的主要读物，多是整本书，而非单篇文章。我国古代语文教学使用的整本书教材大体上可分两种情况：蒙学阶段，唐宋以前以《苍颉篇》《爰历篇》《博学篇》《急就篇》《凡将篇》《劝学篇》等书为主，唐宋以来以《三字经》《百家姓》《千字文》等书为主；年龄稍长，则以《老子》《庄子》《论语》《汉书》《诗》《书》《礼》《易》《春秋》《大学》《孟子》《中庸》《文选》《古文观止》《唐诗三百首》等书为主。

用整本书作教材，整本书阅读贯穿古代语文教育的始终，是古代语文教育的成功之处。晚清有位著名学者李详（1858—1931年），幼年家境贫寒，勤奋好学却没钱买书，家里唯一的藏书就是一部《文选》。于是李详天天苦读《文选》，直至烂熟于心。这部书为李详后来的治学打下了坚实的基础。他后来回忆说，由于谙熟《文选》，书中许多内容都成为他日后治学的"索引"，使他能够将以后的许多书籍融会贯通。从中我们也可以看到，整本书阅读在促进人的发展当中的重要作用，人的成长离不开整本书阅读的影响。

北京第二外国语学院教授唐晓敏在《语文学习只需一本书》中说过这么一段话："实际上，语文能力的培养，就是这样简单。好好地读一本有分量的好书，甚至是好好地背诵几十篇好的古文，也就有了阅读与写作的能力。"唐晓敏教授的这段话可谓道出了语文能力形成的真谛，如果用这段话去看古代的语文教育，我们不能不说古代语文教育的成功之道就是引导、督促学生读整本的书。

第三，当代社会需要整本书阅读。

狄更斯曾经说过："这是一个最好的时代，也是一个最坏的时代。"如今我们的生活中，每天都身处于浩如烟海的信息中，碎片化的知识越来越多。面对这样一个时代，面对各类文摘、碎片化信息、关键词组合的快餐化阅读,我们养成了这样一个习惯:段落超过20行,我们就迫不及待地要跳过,浏览大概,即不求甚解;文档超过10页,我们就没有耐心看下去,心浮气躁。可是否想过我们每天浮光掠影地阅读许多信息,进行过有深度、有厚度、有高度的阅读吗?

整本书阅读是对"碎片化阅读"的抵御,有利于培养学生乃至在社会上倡导一种更好的阅读习惯,提升阅读的质量和效率。整本书阅读符合国家的教育标准。我国教育的目的是培育对社会负责、对自身负责的全面高质量人才。书籍是人类文化遗产的基础和主要的承载方式,是学生学习我国传统文化、培养家国情怀的有效途径。用一定量的阅读去打底,找到阅读的兴趣和方法,才能从根本上提升理解能力。所以,在贯穿"整本书"的阅读课堂中,学生的学习效果往往很显著、很丰富,这种教学方也是老师们的努力方向。

《淮南子·说林训》中有述:"临河而羡鱼,不如归家织网。"意思是说,与其站在水边渴望能得到鱼,不如回家结网,从而真正捕到鱼。开展整本书阅读活动亦是如此。

明代大儒王阳明曾说:"后儒不明圣学,不知就自己心地良知良能上体认扩充,只在功利上比较,不知各人应该尽着自己力量精神,只在此心纯天理上用功,却去求知其所不知,求能其所不能,一味只是希高慕大,终年碌碌,至于老死,竟不知成就了个什么,可哀也已!"事实上,人生所有的经历都只是提升心性的载体,所有的积累都是为了拓展良知良能,所以没有对错,只论因果。

宋朝文学家曾巩在《墨池记》里记载,"羲之尝慕张芝,临池学书,池水尽黑……羲之之书晚乃善,则其所能,盖亦以精力自致者,非天成也"。王羲之书法之所以取得卓越的成就,一定离不开他的毅力和勤学苦练，而绝非与生俱来。

还有，我国当代著名作家路遥在《平凡的世界》里写道："不论什么人，最终还是要崇尚那些能用双手创造生活的劳动者。"

古人曰："长安何处在，只在马蹄下。论先后，知为先；论轻重，行为重。"整本书阅读是每一位受教育者必须经历的一段精神成长之旅，也是每一位语文教师必须面对的客观现实，更是语文课程赋予我们的义务和责任，我们责无旁贷！

第二章
整本书阅读课程标准解读

《义务教育语文课程标准（2022年版）》已于2022年4月21日由教育部正式颁布。

《义务教育语文课程标准（2022年版）》指出，义务教育语文课程培养的核心素养是学生在积极的语文实践活动中积累、建构并在真实的语言运用情境中表现出来的，是文化自信和语言运用、思维能力、审美创造的综合体现。

《义务教育语文课程标准（2022年版）》还指出："核心素养的四个方面是一个整体。语言是重要的交际工具和思维工具，语言发展的过程也是思维发展的过程，两者相互促进。"

此次课程标准采用学习任务群的形式重构了义务教育语文课程的内容系统，整本书阅读位于6个学习任务群的拓展型任务群中的第一个。整本书阅读不仅关系到语文素养的提升，而且能陶冶学生的品性，使学生终身受益。我们必须加强整本书阅读的方法和策略研究，培养学生的审美鉴赏和思维发展、重视语言建构与运用，培养孩子能阅读、爱阅读、会阅读的良好习惯。

本章主要将专家学者对课程标准中"整本书阅读"的解读和我们在学习课程标准中的思考结合起来，帮助老师们对新出现的整本书阅读有一个认识和提高，重点梳理义务教育课程标准对整本书阅读任务群关于整本书阅读的数量、整本书阅读的教学评价方面，以及对整本书阅读的教学价值的重新思考，目的是为开展整本书阅读活动树立清晰、有形的靶子，力争在实施整本书阅读活动中有的放矢,箭箭射中。关于整本书阅读内容、整本书阅读教学提示两个方面,有诸多专家学者的解读,尤其是王崧舟教授关于整本书阅读任务群的解读具体、详细。因此本章对这两部分就不做说明。

第一节
课程标准对整本书阅读数量的规定

梳理《义务教育语文课程标准(2022年版)》对义务教育四个不同学段阅读数量的规定,可以帮助我们明确不同学段的学生应该阅读的数量。在开展整本书阅读的过程当中,可以更有针对性地、有计划地达到阅读数量的标准,同时尽快找到达成整本书阅读任务群目标的合理的、有效的路径。

《义务教育语文课程标准(2022年版)》在"课程性质"部分明确要求"语文课程应引导学生热爱国家通用语言文字,在真实的语言运用情境中,通过积极的语言实践,积累语言经验,体会语言文字的特点和运用规律,培养语言文字运用能力"。在"课程内容"部分明确提出拓展型学习任务群——整本书阅读"旨在引导学生在语文实践活动中,根据阅读目的和兴趣选择合适的图书,制订阅读计划,综合运用多种方法阅读整本书,借助多种方式分享阅读心得,交流研讨阅读中的问题,积累整本书阅读经验,养成良好阅读习惯,提高整体认知能力,丰富精神世界"。从中不难看出,重视课外阅读,是课程标准的一个根本性导向。在"课程目标"部分具体规定了不同学段对课外阅读的数量,见表2-1。

表 2-1 《义务教育语文课程标准（2022 年版）》对课外阅读数量的规定

学段	对课外阅读数量的规定
第一学段	课外阅读总量不少于 5 万字
第二学段	课外阅读总量不少于 40 万字
第三学段	课外阅读总量不少于 100 万字
第四学段	课外阅读总量不少于 260 万字；每学年阅读 2～3 部名著

第一学段要求阅读总量不少于 5 万字，平均每天大约 68 个字。聂振宁在《阅读力》一书中说，阅读既是人类最主要的认知过程，也是人类最重要的获取信息知识的手段。阅读先于文字，这是一个不需要求证的事实。而注意到这一事实，将有助于我们对阅读文化的正确理解。换句话来说，人类的阅读，首先是为了认识事物、趋利避害，而不仅是为了文字。虽然阅读是基于文字的，但是文字可以提升阅读。对于识字的人，阅读很自然会成为自己生活的一部分。

从严格意义上来说，第一学段的阅读不是为了阅读多少书，而是为了守住阅读的原点，使学生逐步认识到书是生活的重要组成部分，阅读是生活的重要内容，侧重于帮助学生养成与书相处的习惯，为今后实现流畅性的阅读奠定基础。其实，第一学段学生已经完成了认读 2500 个常用汉字的任务。在学生完成 2500 个常用汉字的认读基础上，基本上能够独立地开展课外阅读，因为 2500 个常用汉字已经覆盖一般汉语出版物用字的 99%。随着学生阅读速度的提升和阅读质量的提高，第一学段的课外阅读可以为今后的阅读发展提供良性循环的一个良好开端。第一学段的阅读并不是一个人开启阅读的起点。在文字产生之前，阅读就已经存在了。在文字产生之前，人们就是凭借对经验的阅读，才生存繁衍下来，并创造出了包括文字在内的一切文明成果。为促进学生实现从阅读图画到阅读文字的过渡，有专家学者提出了桥梁书的概念。旨在实现从读图到读文字的跨越，不断推进儿童的独立阅读。近年来，我国儿童阅读推进工作者也关注到了桥梁书的作用，在桥梁书的开发与研究方面，成绩斐然。事实也证明，第一学段的整本书阅读经过桥梁书的辅助，学生初步养成阅读的习惯，在阅读读物当中巩固了2500个常用汉字的学习成果。

学生在每个学段，阅读能力的发展其实是不均衡的。课程标准对默读的要求的大体思路是：在起始阶段要求学习默读方法。再要求初步学会这种方法，做到"不出声，不指读"，就是要脱离朗读，是默读的具体要求。然后是讲求默读速度，最后要求默读速度加快，而且养成习惯。这样一个默读要求的标志，符合学生学习阅读方法的实际状况。那么，我们在指导学生阅读的时候就要注意这一点。事实证明，越早学会默读的学生，其阅读速度就越快，通过阅读获取的信息量就越大，取得良好学业成绩的可能性也就越大。正因为此，国际上的阅读能力测试非常关注三年级学生。由此可见，三年级既是学生阅读能力的低潮期，也是学生阅读能力发展的关键期。从第一学段对课外阅读总量要求每5万字到第二学段要求的40万字，阅读数量发生了飞跃的提升，阅读能力发生着质的变化。第一学段和第二学段在阅读数量的规定上的差异，是由学生阅读能力发展的实际情况决定的。我们教师只有明确阅读数量规定的合理性，才能够为完成阅读的要求而扎实地做自己的工作。

从第二学段到第三学段再次大幅地提升了阅读数量的要求，第二学段要求40万字，而到第三学段就达到100万字。这一阶段是学生阅读意义上发生变化的时期。阅读速度和数量的提升，需要依靠学生阅读心理状态的变化。从第一学段以字为意义单位的阅读到第二学段以词或者词组为意义单位的阅读，再到第三学段稳定地以词组为意义单位的阅读，进而向以句子为意义单位阅读发展。实现这一跨越的支撑条件是学生的知识背景和生活经验。学生知识背景越广阔，生活经验越丰富，扩大阅读意义单位的可能性就越大。第三学段阅读数量的要求在某种度上体现了对学生学习内容的要求，对学生知识积累和生活体验的要求。

第三学段和第四学段在阅读量上的规定又是一次质的飞跃，经过第一、第二学段的阅读训练，学生逐渐能够熟练地以词为意义单位阅读，逐渐能够把句子分成几个短语或者句子群，阅读速度大大提升，大幅增加阅读量成为可能。随着学段的提升，学生的阅读行为会做出调整，阅读习惯会逐渐养成，从而不断提高学生的阅读速度，学生注意力稳定、持久带来的阅读时间的延长，有助于实现阅读数量的大幅提高。科学研究表明，一般来说，第一学段的学生连续集中注意力大约 15 分钟，第二学段的学生可以达到 20 分钟，第三学段的学生则能够达到 30 分钟。如果第一学段的学生能够每天读 10 分钟，第二学段的学生每天阅读 15 分钟，第三学段和第四学段的学生每天阅读 20 分钟，基本就可以完成课程标准要求的九年课外阅读总量应在 400 万字以上。由此可见，课程标准对课外阅读总量的规定从某种意义上来说，不仅有对学生阅读行为的描述，还有对学生阅读习惯养成过程的"量"的刻画，其目的在于依托稳定的阅读行为，帮助学生逐步养成良好的阅读习惯，从而为学生的终身学习打好坚实基础。

基于吴欣歆教授的整本书阅读理论研究，不同学段的阅读速度与阅读时间应该做好不同规划。

克拉斯沃尔和布卢姆认为，情感连续体是从个体仅仅觉察到某种现象并能够知觉到它这样一个层次出发的，到了下一个层次上，他就会愿意注意某些现象。再到下一个层次，他对这些现象做出反应时具有积极的情感。最后它的感情可能强烈到以特别努力的方式来做出反应。在这个进程的某一点上，他把自己的行为和情感概括化，并把这些概括化的东西组织成一个结构。这个结构不断增加复杂性，以致成为他的人生观。两位学者站在心理学角度对情感的形成过程做了简单的描述，他们提出情感连续体，强调了人的情感养成是以言语活动为依托的，经过不间断地触发，由意愿—喜欢—习惯—凝练成一种情感品质。

我们在开展整本书阅读活动中要了解学生初始阅读阶段的情况，才能逐步进入稳定阅读的状况，从而做好阅读规划并一直坚持下去。

吴欣歆教授认为，坚持做阅读规划，实施阅读规划，一段时间后你可以评估自己作为阅读者的"段位"。她建议根据课程标准对学生阅读数量的规定，把学生的阅读意识和阅读行为的发展分为三个"段位"。

第一段位，学生意识到阅读很重要，认为自己应该持续稳定地阅读，但需要一定的外部刺激，比如老师、家长的鼓励，还有打卡、分享等方式的支持，用外部的激励、奖励增加持续阅读的动力。

第二段位，学生初步形成了阅读的习惯，能够坚持在固定的时间阅读，偶尔会有放弃的想法，需要一定的意志力维持稳定的阅读状态。

第三段位，学生喜欢阅读，在阅读过程中享受到了积极状态带来的心理愉悦，此时不需要强大的意志力，而是依靠情感引导主动阅读，甚至借助阅读来重建心理状况，恢复良好的情绪状态。

三个"段位"不仅代表三种水平，更是再现了阅读发展的三个阶段，做事情大都需要经历这样的变化过程。我们能够认识到这一点，就可能在遇到问题的时候努力去解决问题，从而克服不同阶段的障碍，成为指导学生阅读的高手。

《保证学生阅读时间是教育"基本功"》中提到,《中小学读写现状调研报告(2019)》发布,报告告诉我们,虽然有接近九成的受访者对阅读感兴增多。有专家指出,对于中小学生来说,兴趣不是问题,读物也不是问题,而每天阅读时间不足一个小时的学生时间才是其明显问题。

为提高广大中小学生的阅读能力和综合素质,受教育部委托,教育部基础教育课程教材发展中心组织研制并发布了《中小学生阅读指导目录(2020年版)》。发布后就有学者提出,能否充分保障中小学生的阅读时间,让他们抽得出足够的时间进行课外阅读?如果中小学生没有时间阅读课外书,那么教育部发布的《中小学生阅读指导目录》无疑就失去了指导意义。呼吁不要让经典作品只停留在阅读指导目录之上。一方面,要切实减轻中小学生学业和作业负担,减少中小学生上补习班、兴趣班和做家庭作业的时间;另一方面,中小学应当重视开设课外阅读指导课,指导中小学生进行课外阅读,并引导教师和家长改变对课外阅读的错误观念,不再视课外阅读为耽误学习的"洪水猛兽"。

因此,我们可以根据不同年龄学生注意力集中的时间长度,结合现代教育专家、研究团队对不同学段学生对现代文阅读速度的测算,总结出建议学生每天的阅读时间和阅读数量,见表2-2。

表2-2　各学段学生每天的阅读时间与阅读量

学段	阅读时间(分钟)	阅读量(字数)
第一学段	10	1500
第二学段	15	3750
第三学段	20	7000
第四学段	25	11250

第一学段:每分钟150字左右。

第二学段：每分钟 250 字左右。

第三学段：每分钟 350 字左右。

第四学段：每分钟 450 字左右。

参照上述阅读时间建议，教师可以引导不同学段的学生根据自己的实际情况做好阅读规划：第一学段，教师和家长共同为孩子做阅读规划，并做好示范和榜样；第二学段，凸显教师的指导作用，让每一个孩子为自己每天的阅读做好规划并且督促完成；第三、第四学段就可以放手锻炼学生自我阅读规划的能力。

以上种种材料都说明：许多专家、学者都关注到了学生阅读的时间问题。因而从某种意义上说，课外阅读比课内阅读更加重要，要让孩子多读课外书，保证孩子有充分的课外阅读时间更重要。在时间保障上，要合理规划，保障学生必要的阅读时间是我们开展整本书阅读的保障。

首先，要改革语文作业形式，减少机械重复地刷题，落实"少做题，多读书"的语文教学理念，保证学生每天有自由的课外阅读时间：义务教育阶段每天不少于 10 分钟，高中阶段每天 15～20 分钟。

其次，要改变家长、教师对于课外阅读抱有的偏见想法，认为读课外书是不务正业，会耽误学习、耽误升学。中小学生阅读时间无法保障，这是造成阅读难以进行的一个重要问题。

在语文课时日益减少的情况下，在国家实施"五项管理""双减"的背景下，我们广大教师更应该积极转变教学观念，认识到课文教学只是体现阅读理念的一部分，应该把更多的阅读时间放到课外，尽快找到实施整本书阅读的策略，从如何保证足够时间入手来实施指导学生的课外阅读，每周抽出一两节课，让学生潜心阅读，师生共读一本书，大家便有了共同交流的话题。能否保证学生的阅读时间，从大处说是教育的基础工程，是评价量化减负效果的一个维度;从小处说是我们学校建设书香校园、推进学生阅读的工作水平,也是体现教师教育教学能力的试金石。

第二节
课程标准对整本书阅读的学业评价标准

《义务教育语文课程标准(2022年版)》不仅有学业质量的基本框架,而且逐学段提出了清晰的学业评价标准。这是在非常明确地告诉我们,整本书阅读必须要做,而且一定会考。

梳理一下小学三个学段整本书阅读的学业评价,发现有这么几个关键词:喜欢、愿意、喜爱、乐于,这些强调阅读兴趣的词汇共有10个,都来自第一、第二学段。由此可见,小学第一、第二学段阅读兴趣的培养多么重要,我们一定得想尽一切办法让孩子爱上读书。怎样将课内、课外整本书阅读结合起来?怎样使学生保持持久阅读的习惯?不同学段有哪些适宜学生年龄阶段的读书分享方式?阅读与分享如何有效结合……根据国家"双减"政策的要求,小学一二年级不进行纸笔考试,那么整本书阅读该从哪些方面来综合测评?从三年级开始,整本书阅读是不是会纳入评价考试内容,会怎样来检测……整本书阅读,未来需要我们语文老师仔细思考、躬身来做的事情太多了。

《义务教育语文课程标准(2022年版)》指导下的整本书阅读会使教学迎来一个怎样的时代?教材专家吴欣歆教授在《义务教育2022版语文课标解读》中强调,要用课程内容的变化带动教与学的变革。课程内容都变化了,这就强制我们必须对自己的语文教学进行相应的变革。用一句俗语"换汤不换药"来解释就是：这次，药都换了，你不想换汤也不是原来的汤了。

一、小学语文整本书阅读质量的评价标准

小学语文整本书阅读质量的评价标准是以各学段的阅读质量目标为基础，对评价内容进一步细化。

（一）第一学段整本书阅读质量的评价标准

阅读能力，学生可通过拼音、看图识字等方式来阅读绘本，并能简单交流所阅读的内容，提出问题。

阅读方法，学生会采用自己习惯的标记方式来标注喜欢的内容，能默读单个自然段，并掌握读音清晰、准确的朗读技巧。

阅读情感，表现为学生阅读兴趣、合理阅读习惯的形成。

（二）第二学段整本书阅读质量的评价标准

阅读能力，着重评价学生的阅读理解、质疑与积累能力。

阅读方法，要求学生具备略读、概读能力，做到写读书批注与笔记。

阅读情感，表现为学生在形成良好阅读习惯的同时，掌握简单挑选书籍的习惯。

（三）第三学段整本书阅读质量的评价标准

阅读能力，注重评价学生是否能欣赏、理解作品中的修辞技巧与写作风格等，并学会提炼、整合书中的信息进行概括，并将其应用到个人习作中。

阅读方法，评价学生是否具备了自主制订阅读计划、筛选信息，以及略读、精读的技巧掌握，阅读理解情况等。

阅读情感，注重评价对学生阅读习惯、批注习惯及如何联系生活来具体讨论书中问题的习惯。

指向"整本书阅读"的"测试任务群"，立足"快乐读书吧"推荐的整本书，都坚持从整体出发，设计情境串联，对整本书阅

读的相关要求进行实践化命题。

二、整本书阅读学业评价到底要考什么

整本书阅读到底蕴藏着什么优势。一言以蔽之，我们对标课本后，会发现最大的功能当然是弥补课本的不足。单篇精读对比整本书阅读，后者蕴藏"核心素养"的文本容量更大、更完整。

从语文学科的核心素养来看，其主要优势表现在：

语言运用方面，整本书阅读会让学生的阅读视野更广，语言建构和运用更能具备丰富的情境化。

审美创造方面，整本书里有着复杂深刻的思想情感，完整严谨的文学结构，丰富多样的艺术手法。例如，文学作品情节比较复杂，人物性格多纷杂；非文学类内容丰富、思想深刻、结构系统。整本书往往可以"独立"呈现相对完整的艺术世界和相对完备的思想性。

思维能力方面，可以锻炼学生整体、发展、全面看问题的能力，让学生的思维变得更全面、更深刻、更辩证，且更有深度。

文化自信方面，学生可以在"整本"中接触更丰富、更广阔的文化和知识，较单篇短文的有限内容，更容易培养学生对传统文化、外来文化的理解和包容。

作为素养板块的整本书阅读，虽然没有明确规定考什么、怎么考，但面对考试可能出现的题目，通读是基础，读懂是关键，然而要想拿到满意的分数，一定要有自己深入性的思考，即具备批判性思维。

聚焦目前考题的"开放性""选择性"原则，我们在阅读课程材料的选择上，可以选择学生可能感兴趣的文本内容，进而进行深入性地探讨和思想碰撞，深化其对文本的解读，做到读透、读深。阅读能力具备了，举一反三便不困难，也就可以灵活应对

其他考题内容了。

三、小学语文整本书阅读质量评价的对策

（一）尊重学生的评价主体地位，丰富评价内容

一方面，教师要丰富、创新现有的评价方法，尊重学生在阅读评价中的主体地位，尊重小学生在这一阶段的可塑性与开放性思维，如学生的阅读活动是在学校与家中进行的，教师可通过与家长的联动来了解学生的阅读状态。从阅读记录卡、思维导图等方法入手，拒绝将评价方式、内容局限在一本书中，而是在课堂中进行课程性评价，如通过朗读会、阅读交流等活动来锻炼学生的口语交际、写话等综合性能力，考察并评价学生是否乐于将在阅读中所学的词语、修饰手法运用到学习或生活中。

另一方面，第一、第二学段的阅读质量评价重在培养学生的阅读兴趣，以及阅读积累、简单的阅读方法等，在此不做赘述。以学生在第三学段的整本书阅读质量评价为例，该学段的阅读质量评价重在考查学生对所阅读作品的领悟能力与阅读深度。教师在这一评价活动中要扮演"客体"的角色，鼓励学生在阅读的同时，多思考、多记录问题，着重评价学生阅读效率及对略读、精读等阅读技巧的掌握情况，同时在考查学生对书中各种修辞技巧、语言的领悟与运用能力，指导学生以合作探究的方式来交流阅读观点，有利于培养阅读鉴赏能力。此外，教师作为学生阅读整本书的指导者，应以其他评价手段和学生自评相结合的方式，鼓励学生从多角度来思考、讨论自身的阅读情况，帮助学生在自评中提高阅读反思与质疑能力，将其内化为阅读驱动力，形成正向阅读习惯。

简而言之，对学生在阅读质量评价中主体地位的肯定及对评价内容的丰富，可使学生获取正向的评价激励，进而形成正向的

阅读习惯与思路。同时，教师要将评价贯穿在学生整本书阅读的过程中，根据学生在阅读中面临的问题及误区来及时调整评价形式，将过程性、总结性评价整合，才能在达到评价标准的同时进一步提高学生的阅读能力。

（二）遵循因材施教原则，进行阅读指导评价

一方面，考虑到小学生阅读经验与阅历不足等问题，教师要立足于学生的具体情况，为学生选择趣味性较强的书籍。以第三学段为例，提供诸如《希腊神话》《城南旧事》《淘气包马小跳》等不同类型的书籍，满足学生在趣味、神话探索及童年成长方面的阅读求知欲。

另一方面，教师也可为学生提供自主选书的机会，将各类书籍设计为简单的介绍课件，学生可根据教师推荐的书目来选择自己想要阅读的书籍，并在家长陪同的情况下前往书店购书，或通过阅读 App 来选书。教师可定期开展选书活动，点评学生选择书目的合理性，鼓励同学之间踊跃探讨，从而调动学生的阅读积极性。

（三）结合阅读评价，帮助学生掌握正确的阅读方法

首先是精读方法的阅读评价。小学生整本书阅读应在评价学生基础识字、造句能力的基础上，基于循序理念来指导、评价学生有无结合自身的知识经验来体会书籍中传递的观念、情感、思想。精读作为阅读的主要技巧，要求学生在精细读书的前提下，探究作者如何基于中心思想来遣词造句、布置文章架构，并将这一思路制作成思维导图或写成读书笔记，教师定期组织读书活动，并引导学生进行交流评价，可通过小组互评、自评等方式来考查学生自身的阅读进度与阅读方法掌握情况。

其次是略读作为整本书阅读的补充与应用，在指导学生掌握该阅读方法并进行评价的过程中，要注重考查学生的读物广度，

评价并指导学生在略读中对内容的记录、理解情况。要求学生提前阅读故事梗概或目录，带着问题去阅读，在阅读中遇到晦涩的部分或不影响作品整体的描写可暂时忽略，学生可将认为可回答自己的问题或与问题相关的重要内容做出标记，并通过课堂交流获得教师或其他同学的评价指导，在读思结合中提高学生的概括能力与细节捕捉、领悟能力。

第三节
课程标准对整本书阅读教学实施的建议

《义务教育语文课程标准（2022年版）》明确提出了整本书阅读的要求：要引导学生在语文实践活动中，根据阅读目的和兴趣选择合适的图书，制订阅读计划，综合运用多种方法阅读整本书，借助多种方式分享阅读心得，交流研讨阅读中遇到的问题，积累整本书阅读的经验，养成良好的阅读习惯，提高整体认知能力，丰富精神世界。

第一，整本书阅读学习任务群属于"拓展型学习任务群"。"拓展"的意思是开拓扩展，相对于"基础型"和"发展型"，"拓展型"属于语文课程内容中的"探索级"任务，对语文核心素养的发展来说，这一课程内容的积极实施，可以助力学生到达新的高度和境界，"提高整体认知能力，丰富精神世界"。这样看来，整本书阅读课程并不是可有可无的，对于学生语文核心素养的整体发展，具有举足轻重的地位。如果参照《普通高中语文课程标准（2022年版）》中必修课程内容的七个学习任务群，更能发现，整本书阅读课程的重要性——"整本书阅读与研讨"放在七个学习任务群之首。语文课程包括多种教学组织形态，整本书阅读是其中之一。从古至今，从中到外，整本书阅读从未在母语教学中消失过，变化的只是受重视的程度。高中课程标准设置整本书阅读与研讨学习任务群，《义务教育语文课程标准（2022年版）》设置整本书阅读学习任务群，标志着整本书阅读成为语文课程已经走上了课程化的道路。重提整本书阅读在很大程度上是由学生的阅读现状决定的，增加整本书阅读在语文课程中的权重，这一策略的合理性是整本书阅读的独特功能决定的。毫无疑问，阅读的种子要尽早种下，如果学生在小学没有爱上读书，没有学习运用基本的阅读方法和策略，到了初高中，再以中考、高考的名义来促进，几乎是缘木求鱼了。

第二，小学阶段整本书阅读课程目标，要以培养阅读兴趣和体验阅读的成就感为基础。阅读整本书，学生要用大段的时间体验一种庄重的悠闲。自然阅读的状态安静悠闲，隐含其中的认识过程严密庄重。整本书提供的信息量大，信息链球完整，信息关联度高，学生在阅读过程中需要透过变化的现象发现不变的本质，体验不断建构、解构、再建构、再解构的循环。需要借助联系思维，努力发现事物之间的联系，在对立中看到统一，在分离中看到渗透，形成新的认识和思考，树立事物间普遍存在联系的哲学观念。更为重要的是，随着整本书内容的展开，学生能够体验自身认识发展变化的过程，这种体验有助于反思性知识的形成。学段目标中从第一学段到第三学段，一以贯之地强调阅读分享；在学习任务群的"学习内容"中，首先强调"体会读书的快乐"；"教学提示"中指出："应创设自由阅读、快乐分享的氛围，善于发现学生阅读整本书的成功经验，及时组织交流与分享；善于发现、保护和支持学生阅读中的独到见解。"这些都在提示在课程实践中要特别重视阅读兴趣的培养和"保鲜"。

第三，要重视基本阅读策略的学习和运用。"综合运用多种方法阅读整本书""引导学生了解阅读的多种策略，运用浏览、略读、精读等不同阅读方法；通读整本书，了解主要内容，关注整体与局部、局部与局部之间的关系；重视序言、目录等在整本书阅读中的作用。"教师要明白，教阅读策略，就是教思考方法，运用阅读策略的过程，就是有迹可循的思考过程。为了帮助学生找到阅读的路径，需要多种阅读策略的支持，但阅读策略不是教出来的，而是学生在阅读过程中自主建构的。这就是需要教师设计丰富多彩的阅读活动，在活动中潜藏策略，学生完成的是阅读活动，在活动过程中建构的是阅读策略。逐渐找到阅读的路径，形成个性化的读书经验。阅读的快乐和成就感，从根本上来说，就是来自思考和思考的收获的。那么，策略运用的成果如何体现呢？这就要谈谈第四点了。

第四，要根据不同的书目特点和目标定位，精心设计驱动任务。既然以"学习任务群"的方式呈现课程内容，就已经明确了学习任务设计的重要性。"设计组织多样的语文实践活动，如师生共读、同伴共读、朗诵会、故事会、戏剧节，建立读书共同体，交流读书心得，分享阅读经验。""教学提示"中的这句话，既指出了整本书阅读教学要重视学习任务的设计，又为设计什么样的学习任务提供了方向性的参考。有了具有目标聚合力和行动吸引力的学习任务，不仅可以激发学生阅读思考的积极性，还可以真正"提高整体认知能力，丰富精神世界"。

任务驱动式的教学与以往传统教学有着很大的区别：从以老师为主体的问题式阅读到以学生为主体的任务驱动式阅读；从机械地寻找答案到全身心体验阅读；从固化课型模式到开放任务模式；学生从浅层理解到概念性理解。这样的教学既激发了学生的阅读兴趣，又提升了阅读效果和价值。任务驱动式阅读学习任务的设计尤为重要,一个具有驱动力、整合力的核心任务,能够有逻辑地整合学习内容、情境、方法、资源和评价,而且蕴含了清晰的实施思路和对学生学习状态的预期。

在任务驱动式整本书阅读教学当中,一是要注重学生的自主阅读,给学生留有充足的自主思考时间,让学生体会思考的快乐;二是要注重开发一些好的资源来辅助学生阅读,提高阅读效果;三是要注重学生之间的合作交流,让学生在合作实践中自主探究问题;四是要注重阅读策略的渗透并与学生的生活建立联系;五是要注重阅读评价,让学生在阅读中学会自我反思,自我改进。让学生做到"我读我思""我愿读我爱思",能够极大地推进整本书阅读实践,提升学生的语文核心素养。

要想设计一个有价值的学习任务,需要做到以下三点:首先,要深入研读课标、教材和阅读书目,准确提炼出整本书的阅读学习价值,为核心任务的设计提供依据。其次,要以学生为主体设置活动任务,要符合学生的认知水平,可操作性强,能激发他们的兴趣。最后,学习任务要具有一定的挑战性,唤醒学生的兴趣,并激发他们的内驱力。

例如下面展示的《三国演义》一书阅读的核心任务驱动设计。《三国演义》属于长篇章回体小说,共描写了大小战争四十余场,有名有姓的人物一千二百多名,事件纷繁,内容庞杂。较长的篇幅导致部分阅读能力差的学生失去了阅读兴趣,这就需要老师进行引导。我们针对这本书的主题和内容特点设计了角色体验型的核心任务——三国人物群像展。基于这样的核心任务,学生在前期通过绘制人物人生轨迹图和写人物评论对人物的形象进行梳理。之后进行人物形象设计,人物精彩片段舞台剧的展演,还可以进行三国人物的卡牌设计。这样的阅读活动任务新颖,且可操作性强,相对于以往枯燥的问答式阅读,大大提升了学生的阅读兴趣。在给人物进行形象设计或设计三国人物卡牌的过程当中，学生需要认真阅读书籍，从而根据故事情节总结人物形象。而设计人物形象或者卡牌又是对学生阅读效果的检测。一个阅读任务贯穿整个阅读过程，让学生全身心地体验阅读的乐趣，提升了阅读效果。

任务驱动下的整本书阅读——读《琦君散文精选》

五年级上学期的第一个月，全班一起读散文集《琦君散文精选》。这本书的阅读门槛不高，有了先前读汪曾祺、丰子恺等文章的经验，琦君的作品难度并不高。

但学生对散文的兴致并不高，散文因其文体本身的特质，在现在学生的知识结构中不吸引人，所以如何充分调动学生的阅读兴趣，使得他们在读散文之路上行走得更远，我们设置了以下几个大的学习任务：

（1）琦君其人十事。

（2）琦君写作的十个关键词。

（3）我喜欢琦君笔下的这些片段。

（4）我想向你推荐琦君的_____（文章名），因为_____（从内容、表达情感、表达方式等角度阐述）。

（5）仿写琦君（选做）。寻找仿写点，联系自己的生活场景写一篇文章，用细腻的笔触描绘并表达情感。

五个学习任务难易度适中，有一定的梯度，大部分学生都能根据阅读任务在文章中找寻到答案，且答案有开放性，可以促进思维的发展。

有任务就需要反馈与交流，同以前一样，依旧利用语文早读课进行交流分享。本学期还设置了学习小组，在组长的组织和带领之下，以学习小组为单位，开展阅读分享。

在分享的过程中，笔者惊喜地发现了学生在阅读中的变化。

如在交流"琦君写作的十个关键词"的环节时,起初有同学说到有故乡、思念、母亲、乡愁等,比较准确地抓取了这位作家写作生涯中的选材特点,笔者及时予以了肯定。渐渐地,随着阅读活动更加深入,有同学总结了这些写作关键词:苦难之美、清淡的乡愁等。无疑,他们的读书更加深入,对文中作者想要表达的情感,以及情感的展现方式,有了一种模糊又真切的认知。也许,这并不是一种百分百的感同身受,但学生却懵懂地接近了大作家的写作,这种距离牵引着阅读的步伐更加持续地连贯下去。

"琦君其人十事"的阅读任务指向作家的选材和事情的概括,学生想要在散文这一较为"松散"的文本中找到完整的叙事,需要调度注意力认真进行阅读和梳理,讲清楚事情的过程。在交流的时候,笔者先以《月光饼》一文为例,牵引着学生去梳理事情,将长文的内容梳理出关于"琦君"的事情。有了这样的过程,学生在阅读的过程中目标明确,也有了方法指导,完成的质量较高。

在本书的整本书阅读单中写道:读琦君,有的人读到了江南的花香,有的人看见了故乡明月的清辉,有的人读罢想抱一抱母亲,有的人唯有一声叹息……不同的读者阅读会有不同的侧重,对同一个作者,会有完全不一样的阅读体验,但有个明确的任务驱动,学生能够以问题为导向,多角度阅读,多角度思考,尝试着解决问题,提升思辨能力,让阅读过程更加精彩丰富。

精心设计驱动任务,可以培养学生的创新能力和独立分析问题、解决问题的能力,在阅读过程中,学生还会不断地获得成就感,并更大地激发其求知欲望,从而培育出独立探索、勇于开拓进取的自学能力。阅读任务驱动,能提高教师指导学生阅读的能力;激发学生的阅读兴趣,培养良好的阅读习惯,掌握阅读方法，提高阅读能力；促进学科整合，提升师生语文素养，真正促进高效阅读。

在拓展型学习任务群整本书阅读的教学过程中，合理利用任务驱动的形式，既可以有针对性地完成各个学习目标与内容，又能够充分调动学生阅读的积极性，还可以充分落实提高语文学科核心素养。

第三章

整本书阅读的教师阅读力培养

《曾国藩家书》有言:"谋定后动,行且坚毅。"意思是谋定之后,要坚毅地执行到位。谋在先,行在后,坚定不移,详谋而力行,这是完成某件事情最核心的指导思想。谋是方向,行是路径,两者互为条件和前提,才能坚持走到终点。

同理,整本书阅读工作也需要这种坚定的毅力,执行到底的精神。整本书阅读工作能否执行到底,其中教师的关键性作用不容忽视,尤其是教师的阅读力。

在大力推进核心素养教育的时代,整本书阅读教学应尊重学生学习主体的地位,教师在审视、思考自己所处的位置和立场时,更应从一个"引导者""指导者"的角度参与学生的学习。

如何才能体现学生为主体、教师为主导理念?如何才能更好地为学生的阅读做好工作?教师在工作中要更多地鼓励、更多地引导、更多地教会学生善于提问,遇到问题能够辩证地进行全方位思考,强调灵活的思维和多角度思考。

整本书阅读任务群的提出,实际上对教师的知识权威地位提出严峻的挑战,教师的知识专有与垄断被严重弱化,教师亟须重拾文化底蕴与阅读功底,以摆脱当前形势下教师角色的困境。教师对整本书文本价值和教学价值的挖掘,是整本书阅读教学的前提条件之一。有效地开展整本书阅读活动,首先需要教师深入透彻地阅读,同时需要教师具备较高的阅读能力与素养,选择、整合并组织整本书的内容与信息,形成开发课程的能力。

因此，培养教师阅读力就成了落实课程标准、开展整本书阅读活动的关键要素。本章论述开展整本书阅读中关于教师阅读力培养与提升问题，主要描述教师阅读力不得不面对的现实，深刻探究其深层原因，积极追寻培养教师阅读力的路径与策略。

第一节
阅读力，教师持续成长的动力源泉

阅读力，不仅关系到国家的国民素质，还关系到社会的长远发展，更是国家软实力和国家远景战略的重要问题。一个国家的教师竞争力，在一定程度上影响着国家的教育竞争力，甚至决定着国家的教育竞争力。而一个国家教师的竞争力又与教师的阅读力息息相关、紧密相连。那么，如此重要的教师阅读力的内涵是什么呢？简言之，教师阅读力就是教师的阅读能力，教师读书学习、知识更新的自觉程度和实际能力，教师个人的成长深受阅读力的影响。教师的阅读力，影响着学生阅读力，学生是一个国家的未来，因此说，教师阅读力意义重大。从这个意义上来说，阅读力，是教师持续成长的动力源泉一点也不为过。

一、教师阅读力，不得不面对的现实

整本书阅读教学对教师阅读素养有很高的要求，可现实却很残酷：学校尚未建立完备的整本书阅读课程体系，疏于对教师整本书阅读工作的管理、考核；作为整本书阅读实施的教师还缺乏有效指导整本书阅读的方法；学校还疏于对阅读过程的监控，对学生阅读成果的检测形式单一；上级教研机构对学校整本书阅读工作的测试考察工作不规范、缺乏科学的评价方式；等等，这些

都是影响整本书阅读教学实施的因素。在正式实施整本书阅读教学之前，教师需要研读课程标准，需要与书本对话，需要静心研读教学用书，需要根据书目和学生的特点构思教学方案，需要和学生一起做好阅读规划，让整本书阅读能够有条不紊地落实。凡此种种，都离不开教师，都离不开教师阅读力的先行。

聂震宁先生指出："阅读是人类的主要生存方式之一，阅读早于文字，在没有文字的时候，人类就有阅读，那时的人们会阅读表情、天气、庄稼等。"但在历史文化资源浩如烟海的今天，人民还在创造大量的新的资源，并将其放到这个巨大的"存储器"之中。我们怎样才能更好地继承昨天呢？一个非常有效的途径就是阅读。阅读如此重要，但现实情况并不乐观：阅读不被重视，而重视阅读的还没有形成良好的阅读力，阅读效果不理想。尤其是在《义务教育语文课程标准（2022年版）》提出拓展型学习任务群之一的整本书阅读后，对教师指导学生整本书阅读的要求更为准确、具体、翔实。

我们从课程标准的表述中可以看出，"整本书阅读"不仅是对语文学科课程单篇阅读、群文阅读的必要补充与提升，还是扩大学生阅读空间、养成终身阅读习惯、提升阅读思维品质、发展整体阅读素养的必由之路，更是全面提升学生语文课程核心素养的必然要求。许多教师虽然身体力行地倡导阅读、引领学生积极阅读，但由于缺乏教师阅读力，从而造成整本书阅读时间不够、阅读质量不高、阅读落实乏力、评价方式单一等问题，是整本书阅读教学需要直面的重要挑战。

阅读是一个正常人的基本权利，阅读力的养成和提升也是一个正常人的基本权利。阅读力是借助阅读来应对现实、解决问题的综合素养。在阅读力的养成和提升这件事情上，我们应该充分认识到阅读力更为触及阅读这件事情的本质。一个从事语文教学的阅读者在开展整本书阅读的过程中，早些知道养成阅读力乃至授之以渔的务本知识，一定更有利于我们以应有的态度扎实地做好整本书阅读教学工作。

二、教师阅读力，立己达人的源泉

古今中外，有许多专家学者对阅读的影响力都有论述。宋代文学家欧阳修说过："立身以立学为先，立学以读书为本。"这句话告诉我们，读书在立身、立学中的重要性。苏联教育家苏霍姆林斯基也说过："使得学生变聪明起来的方法，不是补课，不是加大作业量，而是阅读、阅读、阅读。"这位外国教育家也非常清楚阅读在教育学习过程中的重要作用。我国著名语文学科特级教师于永正说过："提高孩子语文成绩其实就是那么简单，少做题，多读书，好读书，读好书，读整本书。只要抓住'读写'这两条线不放，即按照语文教学的规律去做，孩子就一定会有好的语文素养。"我国这位语文教育专家明确地告诉我们，在语文教育、语文教学的道路上，阅读这个方法多么重要。

但我们仔细观察就能发现，当今教师阅读和指导学生阅读的实际情况并不乐观。我们越来越清楚地认识到，随着阅读内涵的不断发展，亟待专业的阅读教学框架来引领新形势下的阅读教学实践，努力使阅读教学清晰、自觉地指向阅读力。从某种意义上来说，阅读力是教师持续成长的动力源泉，这一点也不为过。试想，一位教师从学生时代就开始借助阅读汲取知识的力量，顺利考学、加入教育队伍行列，而后从事教育工作，致力于带动学生开始阅读，同时带动自己专业成长。其中的每一点滴进步成长都离不开阅读力：入职前期，由于身份是学生，这个时期，阅读力与学习力共同提高；入职初期，从象牙塔走到实践层面，遇到种种问题，向书本学习，向前辈学习，阅读力和教学能力都得到了飞速发展；成为骨干之后，面对关键问题、核心问题，走上科研之路，阅读力与科研力齐头并进；在成为学科带头人、专家的宽阔道路上，阅读力又发生了深刻的变化。

论语有云："己欲立而立人，己欲达而达人。"教师要更好地"育人"，首先要"成人"，才能"立己达人"；其次要"知人"，方能因材施教。如此来看，学生整本书阅读离不开教师的先前阅读，更离不开教师阅读力的提升。阅读力是教师持续成长的动力源泉。教师阅读力的提升，为扩大学生阅读空间、拓宽阅读视野提供了坚实、有效的课程载体，提升了学生的元阅读能力、阅读思维品质、发展阅读素养，有助于养成学生的终身阅读习惯，为学生终身阅读奠定坚实的基础。

第二节
培养教师阅读力的困境

在现实的教育教学中，由于教师自身及外部诸多因素的影响，导致教师阅读力严重缺乏，主要表现在以下几个方面。

一、教师阅读价值取向过于功利

宋代陆九渊曾在《读书》诗中写道："读书切戒在慌忙，涵泳工夫兴味长。未晓不妨权放过，切身须要急思量。"诗句的意思是：读书一定要戒除慌慌忙忙的习惯，潜心体会就会感到兴味无穷。有些不懂的地方不妨暂且放过，一旦自己有了切身体会就立即结合所学，认真思考。陆九渊的四句读书短诗，言简义丰，是其读书的经验结晶，值得我们细加品味，学习借鉴。而今，虽时过境迁，但我们读来，依旧振聋发聩。试想想自己读书，慌忙乎？涵泳乎？钻牛角尖乎？急思量乎？诗句一开篇就似乎是针对我们的现实生活而言的，因受应试教育的影响，很多人心浮气躁，急功近利，追求立竿见影的学习效果，难以做到细嚼慢咽，细斟慢酌，用心品味。更甚者"有考的就读，不考的不读"，喜欢零碎阅读，难以沉下心来认认真真读整本书。由于课业负担重，读书总是"慌忙"的。而慌忙的结果是，读书就像赶路，只顾匆忙赶路，无法领略一路美景，累而无趣，还收获甚微；读书，就像囫囵吞枣，暴饮暴食，无法感受食物的美味，更影响了知识营养的吸收。

如果我们能够从《读书》一诗中受到启发，就会摆脱条条框框，把心沉下来，保持读书的定力，切实提高阅读实效。可现实当中许多成年人阅读是为了能力的提升，进而谋求发展的资本。"如今的阅读，更像是为了填饱肚子而吃的一顿快餐，教师只为功利而读书，就有可能把读书变成一种苦役，一种追名逐利的手段，因而书籍阅读选择、规划缺乏正确的价值取向，不能解决要阅读哪些书籍、为什么要读这些书籍的问题。如果学校和教师能做到为了不断汲取知识营养、陶冶性情、丰润心灵、升华思想、修炼品行、塑造成就更美好的自己而阅读，相信会更好地引导学生进行有效阅读。

二、教师阅读维度过于简单

作家周国平说："真正的阅读必须有灵魂的参与，它是一个人的灵魂在一个借文字符号构筑的精神世界里的漫游，是在这漫游途中的自我发现和自我成长。"教师走上工作岗位要持续成长，就应该不断培养、提升自己阅读力。阅读力不会等同于阅读能力，阅读能力仅仅是阅读力中的一部分。阅读能力包括阅读理解的能力、分析和判断的能力、联系实际乃至联想创新的能力。而阅读力不仅包括阅读能力，还有阅读兴趣、阅读习惯、阅读之后的转化能力等，它是教师持续成长的一种阅读素养。

而现实情况是，教师在繁重的课业压力之下，自由阅读的时间其实并不是特别多，没有时间和精力去检验书籍的好坏；教师缺乏阅读力发展维度的全面认识，片面地追求阅读数量和速度，忽视了阅读质量；片面追求学科和专业阅读，忽视了阅读宽度；片面追求阅读形式，忽视了阅读深度。

特级教师闫学曾说，她的成长之路，就是阅读路。她提出"读书就是生活"的教育理念，她认为读书的最高境界应该是："读书，像呼吸一样自然。"她在《给教师的读书建议》一文中提到真正的优秀教师，必须具备三个板块的知识结构：精深的专业知识、开阔的人文视野、浓厚的教育理论功底。

周志平教授在《阅读力，教师持续成长的阅读素养》一文中指出，作为一名具有持续成长力的教师应该拥有以下几个阅读维度。

一是从教师成长方向来看价值维度。教师因为没有看透阅读在教师的专业成长当中主要应该解决概念能力和理念能力的构建，所以对阅读的价值维度看得不够真切，他们看到这些有概念能力和理念能力的专业书籍就避开。这样，教师的阅读就失去了真正的价值。书读得多了，吸收了别人的经验和做法，却无法建构自己的教学主张，形成自己的教学风格。

二是从教师成长的阶段来看习惯维度。一个教师的成长往往要经过：入职前阶段、初入职阶段、成为优秀教师、成为学科带头人。阅读伴随着教师专业成长的每一步，是教师成长的持续动力。教师要持续成长、要不断发展自己，就应该养成良好的阅读习惯。教师成长的每一个阶段，阅读习惯就应该从一个阶段转型到另一个阶段。但实际上却是其阅读不能根据自己成长阶段的需要进阶,"拿着一张旧船票,还想登上今天的客船"。这样,教师不仅失去了成长的平台,还会失去成长的动力。

三是从教师成长的质量来看能力维度。从教师专业成长的质量来看,制约教师阅读力发展的维度有好几个。成长要有质量,阅读的层次不能低,这是阅读的高度;读的面儿不能窄,这是阅读的广度;读的书不能停留在浅层次,这是阅读的深度;读的书不能太杂,这是阅读的专度;读书的速度不能太慢,这是阅读的速度……

从教师的现实阅读来看,具备这些阅读维度的教师少之又少。自身阅读的价值维度不解决、习惯维度不突破、能力维度不提高,就很难突破自身局限,进行知识结构的重构、拓展、完善。"不进行深度阅读的人,难以有独立的思考。""教师应该多阅读,以身作则带动学生在阅读的世界中成长,而不是成天只是面对考试做题。"因而,在提升教师阅读力的研究中,努力拓展教师阅读的价值维度、习惯维度、能力维度,就是当务之急。

三、教师不能将阅读力转化为教学能力

《礼记》中说:"博学之,审问之,慎思之,明辨之,笃行之。"这句话的意思是:广泛学习各种知识,并且有针对性地提问请教;要学会周全地思考,形成清晰的判断力,并用学习到的知识和思想指导实践。

这五句话既是一个人为学求道的方法,也是一个人精进成长的路径。前四句可用一个"知"字概括,学习的目的不是停留在"知"的阶段上,而是要在"知"的基础之上"行",即去做,去实践,达到"学以致用"。

学,问,思,辨,行,这五步层层递进,因果循环。学习也好,成长也罢,是一个多维度共同做功、相互融合的过程。曾纪

泽向父亲曾国藩请教读书要诀的时候,曾国藩以自己读书成长的经历送给儿子两个字:"涵泳"。这里"涵泳"的意思就是指读书切记不要贪多求快,而是循序渐进,慢慢理解其中的含义,在生活实践中感受、体察,方能最终领略其中真味。中山大学将这五句话引为校训,勉励各路学子。

博学是基础,在此基础之上学会提问,深度思考,得到初步答案,然后用辩证的思维方式筛选出行动的指南,最后行动中检验实效性,周而复始,方能领悟出属于自己人生真正的智慧。

教师的阅读也是这样,阅读是吸收,运用是产出,教师的自我读悟能力的培育至关重要。教师的特殊身份,决定了在拥有阅读力之后,要转化为教学生产力,转化为学生的阅读力。

在实际工作中,教师缺乏阅读力转化的能力,不能带领学生到阅读中去追寻阅读的力量,这也是教师阅读力亟待改变的地方。将教师阅读力转化为教学能力后,我们对"整本书阅读"教学有了更清晰的认识,对整本书阅读工作的路线有了更清晰的思路、更准确的目标。让我们在整本书阅读工作中以更先进的教学理念为学生呈现更有趣的阅读课堂,成为学生阅读的"点灯人",让阅读滋养学生的精神成长。

第三节
培养教师阅读力的路径与策略

全民阅读的倡导者聂震宁先生在他的著作《阅读力》中,首次提出了阅读力的概念。阅读力的培养实际是对人们思维能力的培养,较强的阅读能力表现在以下方面:一是能够通过阅读又快又好提炼出书籍中的信息,阅读的速度要快,同时提炼的信息要准确；二是阅读后能做到融会贯通，能够由阅读的这本书联系到其他书籍，由这个观点证明那个观点，由某一领域链接其他领域，能把握知识间的内在联系，理解事物的共同本质和规律；三是有较强的鉴别能力，能迅速区分阅读内容的优劣，知道书籍的长处与不足，能够用一只眼看到书中的内容，还能用一只眼看到书背后的内容；四是推陈出新的能力，能够在阅读吸收的基础上由已知推出新知，还能够创造性地提出新的见解。

一、形成正确的价值取向，成为有思考的阅读者

价值取向，就是阅读的方向，也就是教师阅读哪些书籍、哪些内容才是有价值的。教师读书大多是寻求问题的解决，寻求自身成长中的困惑。而阅读力的培养却注重的是对教师理念的建构，架构一个完整的教师阅读体系，解决的是教学中普遍存在的问题，解决的是教师成长中的发展问题。从教师成长的角度来看，阅读的价值取向影响着每个阶段教师成长的质量。

因此，从阅读价值取向入手做好建构阅读体系和做好阅读规划，才是阅读力路径选择的首要任务。首先要建构自己专业书籍的阅读，围绕自己任教的学科快速建立起学科专业知识体系，这是初入职教师必须尽快完成的任务；其次要进行思维类书籍的阅读，在吸收和借鉴别人经验同时，想要发展，有所创新，就要到思维类书籍中去寻找答案，学习人类是怎样思考的，学习如何将自己的教学经验、教学主张整理提炼；最后要进行哲学书籍的阅读，学习从哲学的角度、高度思考自己的工作，学习从哲学的角度、高度进行教学实践。阅读规划是决定"阅读什么"和"如何阅读"的一个管理过程。这个过程决定阅读的发展方向，需要明确阅读的目的和目标，并且制定达成目的和目标的策略。从期限看，"可以分为长期规划、中期规划和短期规划"。从实施层次

看,"可以分为战略性规划、战术性规划、操作性规划"。从顺序看,"依次分为愿景、使命、总目标和具体目标四个阶段"。

边阅读边思考,是将知识内化价值最大化的最有效途径。我们只有通过不断地阅读,认真地思考,努力将他人的思想和自己的思想牵线搭桥,才能助推个人精神世界、专业发展的不断成长。

做个有思考的阅读者,就应该多些思考和内化。比如,关于课堂教学模式的形成,名师往往都有自己比较固定的课堂教学模式,他们经过概括总结,形成自己的模式、风格,乃至出版书籍。如果我们阅读他们的书籍,照搬照抄他们的课堂模式而缺少自己的独立思考,不结合自己的教学实际,结果常常大相径庭。

做个有思考的教师阅读者,还应该打通阅读的界限。著名学者钱钟书先生就是我们学习的榜样。他不仅能够将古今不同的书籍归而论之,还能打破中西文化之间的差异,进行比较阅读,因此他就在阅读中保持了自己思想的独立性。这一点我们可以从阅读《管锥编》《谈艺录》中明显地感受到。

做个有思考的阅读者,我们还应该有勇气离开不用思考的阅读舒适区,进入专业发展的成长区。很多教师的阅读停留在阅读休闲作品上,如畅销小说或者鸡汤文章之类,它们大都属于消遣式阅读,并不怎么需要去思考,只是为了打发时间。这样的阅读,无法在作品、作者、读者三者之间形成一个良性的阅读效果,不能成为教师专业成长发展的阅读主体。做个有思考的教师阅读者,应该离开舒适区,读一些超出你的认知水平,并有一定阅读困难,能将你的思考引入更深层次的书籍。阅读这样的书籍,是我们的阅读走向有效,并得到更多收获的必经之路。

二、养成良好的阅读习惯

张之洞曾说:"读书宜有门径。泛滥无归,终身无得;得门而入,事半功倍。""门径"就是办法,阅读如果只是想读什么就读什么,随心所欲,不求甚解,往往会收获甚微。如果我们能掌握阅读的方法,这样读起来就会简单很多。教师阅读,更应该要懂得一些方法,否则正如张之洞所说,"泛滥无归,终身无得"。

英国作家萨克雷说过:"播种一种行为,收获一种习惯;播种一种习惯,收获一种性格;播种一种性格,收获一种命运。"阅读的习惯是一个人阅读力形成的基石。阅读有赖于阅读者读书习惯的养成,个人良好阅读习惯的养成,别无他法,只有不断地实际操练。在确定了教师阅读的价值取向之后,就要在阅读力培养的行为习惯上做好工作。良好的阅读行为习惯是培养教师阅读力的重要行为选择。要养成阅读习惯,意味着持续的时间投入,持续的阅读投入才会带来教师的持续成长。

这是阅读最好的时代,也是阅读最坏的时代。所谓最好的时代,是因为我们可以很便捷地获得我们想要读的书;所谓最坏的时代,是因为电子产品的盛行,我们往往没心情、没时间去读书。那么,在这样一个时代,我们培养教师的阅读行为习惯可以选择怎样的路径与策略呢?

(一)激发教师阅读的动力,形成深层的、动力型阅读

为什么要读书?这个问题在很多人看来几乎不是一个问题。读书是自然而然的事,谁还不读书,孩子到了上学的年龄,自然而然地背上书包上学校,书包里的书就成为他晚上在家温习阅读的书。读书早已成为现代社会人们成长的必由之路,阅读不是为了升学、升职、发财,也不是为了发明创造,而是为了满足求知欲望,为了享受阅读乐趣,为了提高素质,为了实现人的全面

发展。

那么作为一名语文教师,作为一名面对即将开展整本书阅读教学的教师来说,坚持读书习惯养成和提升阅读力的目的又在哪里呢?

我认为,教师坚持阅读的动力有两点。

第一点是工作的需要。曾有人形象地称教师为"作业技术人员",这对我们教师而言,是多么尴尬的揶揄啊!所以,我们要意识到自己面临的压力和挑战,用更加积极主动地学习来提升自我,走专业发展之路。阅读是一种有效的学习方式,教师应该把阅读作为自己的生活方式,用自身的实际行动来克服"本领恐慌"。阅读显然是学习当中成本最低的一种途径。唯有读书,才能让我们在课堂上旁征博引,对问题的分析入木三分、得心应手;唯有读书,才能让我们妙语连珠,在言谈举止中流露出深邃、豁达、智慧、仁爱,让学生觉得倾听是一种享受;唯有读书,才能让我们不断成长,在教学工作中如虎添翼。尤其是作为专业的教师,作为开展整本书阅读教学的教师,更是需要积极阅读专业方面的书籍。教师专业发展的书籍大体可以分为以下几类,它们分别对应不同的教师阅读群体。

第一类是教育案例类书籍。这类书籍多是一线教师,即具有丰富经验专家型教师的教育实践案例,适合初入教师岗位的新教师阅读。这类书多是理论在现实中的具体应用,有具体案例,直观性强,易学习和模仿。例如阿莫纳什维利的《孩子们,你们好》、雷夫·艾斯奎的《成功无捷径——第56号教室的奇迹》等。

第二类是教育经验类书籍。多是优秀教师自身教育经验的总结,以随想、散文等方式,具有进一步阐释的空间,能够帮助老师增加对教育教学现象的敏感和理解,也比较适合新手教师阅读。例如，苏霍姆林斯基的《给教师的建议》、佐藤学的《静悄悄的革命》、李镇西的《爱心与教育》等。

第三类是教育分析类书籍。一般有一定的阅读基础，并在教师岗位有初步的经验和理解，如可以阅读一些专门的教育学心理学书籍，还可以阅读以下对学科核心知识进行阐述的书。经典的分析类书籍要读透，这是专业阅读的重中之重。例如，王晓春的《做一个专业的班主任》《儿童的纪律教育——建构性指导与规训》、温斯坦的《小学课堂管理》等。

第四类是教育原理类书籍。这类书籍是对某门学科基本原理的概括总结，这类书籍比较适合愿意自我提升的专业型教师阅读。例如，皮亚杰的《发生认识论》。

第二点是生命的需要。身体需要吸进氧气，呼出二氧化碳，保持身体健康。人还有精神的生命。精神的生命也需要不断吸收新的知识，保持精神的活力。否则，精神就容易颓废、麻木，甚至平庸。

脚步丈量不到的地方，文字可以。多读一本书就多了解一个世界，那些你一辈子不曾踏足的领地，都在书中被一一展现。读书多了，思维自然开阔，眼界自然高远，仿佛无声无息地走遍了名山大川，看遍了中国上下五千年。若是只有行走而无书籍的积淀，无论到哪儿都是邮差而已。正如《人民日报》曾经多次推荐的《明朝那些事儿》系列书籍，作者以幽默风趣的语言，以现代眼光阐述明代历史变迁，勾勒出整个时代的经典之作。你能从书中读到一个时代的缩影，也能从人物的种种命运中看透人生。

读书的意义是使人虚心，较通达，不固执，不偏执。读书越少的人，越容易过得痛苦；读书越多，人才会越通透。一个人书读得不多，见识难免受限，结果就必须受着眼前世界的禁锢。只有通过阅读，才能看透人生真相，收获为人处世的智慧，把日子越过越好。只有在不断阅读的过程中修心养性，才能摆脱我们的鄙俗和顽固。这世间，没有谁的生活没有烦恼，唯读书是最好的解药。

书中未必有黄金屋，但一定有更好的自己。查理·芒格说："我这辈子遇到的来自各行各业的聪明人，没有一个不每天阅读的——没有，一个都没有。"读书，就是使你拥有打破人生边界的底气，积累不断超越自己的资本。一个人越是想要精进，越需要书本的沉淀和文化的加持。你只有不停地读书，才能不断提升自我，把人生的方向掌握在自己手里。

读书让你哪怕深陷泥泞，也依然可以仰望星空。作家赫尔岑说："书籍是最有耐心和最令人愉快的伙伴，在任何艰难困苦的时刻，它都不会抛弃你。"当你被生活拖入泥潭时，读书，可以给你改变的底气，推动你向更好的人生靠近。听过一句话："每一本书都像一扇任意门，你想去哪里，都由你自己决定。"读书，就是给自己保留一个人生逆袭的机会。只要你能坚持不懈，那些读过的书，终将改变了你的生活，也让你有了被看见的能力。你在书本上花的任何时间，都会在某一个时刻给你回报。坚持读书，即使深陷泥泞，也依然可以仰望星空。

书或许不能解决你眼下的困难，但能给你提供温暖和能量。焦虑不安时，读书能抚平你的一切烦恼；迷茫彷徨时，读书能为你指明方向；为生活琐事而困顿时，读书能让你开怀释然。无论你的人生正在面临着什么，你都能在书中找到继续前行的力量。

读书，能够让自己变得豁达，它会给你冲破困难的力量。书读多了读出智慧，总可以好好地、正确地去面对各种各样突如其来的苦难。阅读就像一座随身携带的小型避难所，可以随时随地治愈自己。周国平说："但凡有了读书的癖好，也就有了看世界的一种特别眼光，甚至有了一个属于他的特别世界。书读得越多，心胸越大，视野越宽。三毛从小就喜欢看书，书里的文字不仅给了她浪迹天涯的勇气，还开拓了她的胸襟。让她在远赴撒哈拉沙漠的过程中，无论遇到什么，都能以包容和理解对之。看到贫瘠荒凉的沙漠，她没有嫌弃，反而把它视为乐趣横生的绝佳栖息地；遇到落后地区愚昧的村民，她没有反感，反而觉得他们自有一种单纯善良。那些曾经读过的文字，让她拥有海纳百川的气度和胸怀。既能包容世界的不完美，容忍他人的不足，又能心存善念，看到事物美好的一面。正如她自己所说："许多时候，自己可能以为许多看过的书籍都成为过眼烟云，不复记忆。其实它们仍是潜在的，在气质里，在谈吐上，在胸襟的无涯。当然也显露在生活和文字中。"读书，就是让自己变得辽阔的过程。一个人读书越多，胸怀越是广阔，也就越能理解这个世界，发现世界的美好。

当你爱上图书，独处就成为一个人的狂欢。在一次新书分享会上，有读者向作家梁晓声提问："读书的习惯对人究竟有什么好处？"梁晓声回答说："读书，可以使人具有特别长期的抵抗孤独的能力。"在生活中，很多人沉溺于各种社交活动，打游戏，刷视频，最后往往只感觉到空虚。当你把闲暇时间用来读书，以书中壮阔瑰丽的风景，抵御内心的匮乏。窦文涛曾在《圆桌派》里谈到，一个人独居时，就把自己关进书房。最多时可以两个星期不下楼，但从来不会感到孤独和寂寞。早晨吃过后就开始看书，等到夜幕降临，合上书的那一刻，内心只觉得充实平和。日本教育学家斋藤孝说："只要能用读书填满独处的时间，就能减轻内心的孤独感。"往后岁月，那些毫无意义的饭局、聚会等，能不去就别去了，把心和时间空出来，倒一杯香茶，捧一本好书与自己面对面，倾听内心深处的声音，享受自己的人生。

别抱怨读书的苦，那是你去看世界的路。在生活之外，还有一个更光鲜明亮的远方。而读书，就是通向那个世界的康庄大道。所以，别抱怨读书苦，那是你去看世界的路。好好读书，用书本的厚度，去丰富自己的生活，垫高自己的人生。莎士比亚说过："书籍是全世界的营养品。"很多人都说，读书不是唯一的出路。但现实却是，对于很多普通人来说，读书就是最快的捷径。不读书的人，目之所及，就是全世界。读书的人，才能发现在自己的生活之外，还有一个更光鲜明亮的远方。才能发现在生活里没有书籍，就好像大地没有阳光。生活的一切不解与疑惑，都能在书中找到答案。无论是驱赶迷茫，还是对抗平庸，读书都是最简单也最实用的方法。多给自己一点时间，静下心来读书，它会一点一滴地滋养你、改变你，让你收获更好的自己。

（二）培养教师持续阅读的意志力，促使教师专业不断成长

教育家叶澜、陈玉琨等指出，教师专业发展必须走自主发展之路。叶澜教授指出，教师把"人的培育"而不是"知识的传递"作为教育追求时，教师才会有强大的发展内在动力。内在动力决定起点，而能否达到理想的终点，还离不开自律和勤奋来作保障。每一位教师都有着"想好""想学""想读"的朴素愿望，可以说，没有自甘堕落和混一天算一天的教师，但由于缺乏像柏拉图那样的自律和勤奋，许多教师渐渐地掩埋和消解了最初的那份美好愿望和走上教育工作的初心。面对诱惑，一旦当他们定力不足时，进修、观摩、阅读、研究和反思等专业活动中就渐渐看不到他们的身影了，即使看到，他们也是"身在曹营心在汉"。

天才生而就是，而所有阅读习惯都是后天的行为。良好的阅读习惯是后天养成的。谈到阅读习惯的养成，我们不能不说曾国藩。曾国藩在治学和读书上非常用心，他认为读书最重要的三个字：恒、勤、专。其实说的就是坚持不懈、持之以恒的读书习惯。曾国藩在其《曾国藩家书》中有云："盖士人读书，第一要有志,第二要有识,第三要有恒。有志则断不敢为下流,有识则知学问无尽,不敢以一得自足,如河伯之观海,如井蛙之窥天,皆无识者也。有恒则断无不成之事,此三者缺一不可。"在其叙述的三者中,曾国藩特别看重"有恒"。他在给儿子曾纪泽的家书中,就谈到"人生唯有常是第一美德"。常者,恒也。做到"恒",可以说既是易事,也是难事。说易,是因为人人都可以做到;说难,就在于难坚持,习惯就是在坚持下养成的。曾国藩的论恒和我们说锤炼教师的阅读力需要毅力是一样的道理。

我们可以联想到在现实生活中不少人连完整读一本书的恒心、耐心都没有,怎么可能养成良好的阅读习惯?"读一本好书,如同和一个高尚的人交谈",如果读完了几本好书,就如同和好几个高尚的人谈话,"听君一席话,胜读十年书",如此美好之事,怎么会没有一点阅读兴趣呢?一旦有了阅读兴趣,继续坚持读下去,兴趣就会越来越强烈,最终也就能养成良好的阅读习惯。

水滴石穿的成语故事,不是水的力量有多么大,而是水滴坚持的结果;简单的事情重复做,坚持到一定程度,你就成了专家;重复的事情认真做,重复到一定次数,你就是赢家。在锤炼教师阅读力的过程中,坚持是需要长期努力的。良好的阅读效果更是需要坚持,尤其是读中思、写中思习惯的养成。

以读促思,养成"思"的习惯。"思"是阅读的核心,无"思"不成"读"。教师在专心阅读时,应该摒弃心浮气躁、走马观花,努力做到精读细读、读思结合,我们不仅要知其言解其意,更要读出自己的独特思考和深刻见解。常言道,不动笔墨不读书,教师的专业阅读更要在读中写,在写中思。

在阅读的时候还要写,在写中思考,不断提升思考的品质。有不少教师对于写作心生畏惧,我们可以从最简单的摘抄开始,把好句好段记录下来;然后学着做批注,在好句好段旁边记录下自己的感受和体会；再过渡到写读后感、书评等。从易到难，教师思维品质就会逐步提升，阅读自然就有了深度和高度。只有这样，才能逐步养成"思"的良好习惯，才能不断提升阅读能力。

（三）锻炼教师的阅读能力，提高阅读高度，拓宽阅读广度，加深阅读专度，提升阅读速度

"互联网+"的时代，教师阅读还要借助以互联网为主体的信息技术，超越时间、空间、师资、资源的限制，积极利用电子阅读的优势，让阅读随时随地发生。电子书容量大、检索快，且携带方便，教师在保持传统纸质阅读的同时，也可在电子书上进行阅读。这样，就能打破时间与空间的限制，帮助教师解决"没有时间阅读"和"外出不便阅读"的难题，让阅读随时随地发生，让阅读更加立体鲜活。优化网络阅读环境，让阅读"热"起来。阅读环境的好坏，直接影响着教师阅读的激情和热度。教师除了在日常生活中营造良好的阅读环境，也要精心打造网络阅读环境，除了平常使用的分享读后感，还可以在线上平台上发表阅读的所思所感，不断发表文字、图片、视频、绘画作品、读书卡片等个性化的阅读成果，通过多种形式促进自己阅读的多元化。建设阅读资源库，及时分享和交流阅读心得与体会；定时开展阅读主题研讨，邀请专家诊断指导和优秀教师参与，进一步优化阅读环境，形成阅读合力，点燃阅读热情。

（四）个人阅读力，既需要一个人独自用心地去读，又需要许多人聚集起来快乐地读。

"独行快，众行远"就是讲的这个道理。开展师与师、师与生、生与生的多元阅读交流活动，这时候的交流分享，收获的不仅仅是阅读，更是远远超出阅读本身的思想启迪。

《礼记·学记》有言："独学而无友，则孤陋而寡闻。"其意为在学习中要相互观摩，取长补短，反之，独自学习而没有朋友一起切磋，就会孤陋寡闻。这句话教诲我们，读书要善于互相交流，共同进步。

顾炎武也曾在他的著作《与友人书》中说："独学无友，则孤陋而难成；久处一方，则习染而不自觉。"朋友是我们了解外部世界的桥梁，也是我们不断完善自己的标尺。一个人学习，而不接触外部环境是行不通的。

只有与朋友共同学习，集思广益，取长补短，才能弥补自身的缺憾，并获得更多知识。在学习中缺乏学友之间的交流切磋，就必然会导致知识狭隘，见识短浅。在自我阅读的基础上，进一步与他人分享交流阅读所得，就能不断激发自己深入研读、触类旁通的积极性，通过共享阅读经验体会，能借助他人的阅读经验，获得启示，拓宽视野。多种形式的阅读交流活动是推动教师阅读力转化为教学生产力的有效载体，是变教师资源优势为学生资源优势的有效策略。

三、采取多种策略推动阅读力转化为教学生产力

教师的阅读，更多是为了帮助我们理解教育，理解教学；不仅改变我们的教育观念，也改变我们的教学行为。

观念改变、行为改变，知行合一。我们必须清醒地认识到"知易行难"，知不易，行更难。原因有两点：瓶满则装不下，无知则无畏。我们要想帮助学生改变阅读时间不够、阅读质量不高、阅读落实乏力的现状，就必须先突破自身思维的瓶颈，以自己高水平的阅读力引导学生深度参与阅读，将自身的阅读力转化为教学生产力。积极建立链接，强化读用转化意识，要克服阅读与教育教学实践"两张皮"问题，在"读"与"用"中深入思考：书中哪些观点或方法可以为我所用；我在实践中是怎么做的，与

之相比还存在哪些欠缺；利用这些观点或方法，我可以怎么改进教学；等等。如此，在阅读与教育教学实践的不断链接中，养成读以致用的良好习惯，采取多种策略推动阅读力转化为教学生产力。教师阅读力转化为教学生产力可以采取以下路径与策略。

（一）教师要结合自己阅读，为学生的阅读选择书籍、选择自主性教学文本

学生在一堆一堆的书中自己选出要读的某一本书，和教师结合课程标准、教材的要求和学生的实际情况而选择的一本书，是两种完全不一样的选择方式。选择的方式，极大地影响着学生的阅读心理、阅读效果；学生漫无目的地自由阅读一本书和老师为学生选择教学文本展开阅读活动，这也是两种完全不一样的阅读方式。选择文本，需要学校老师有一双善于发现美的眼睛，有一颗敏于感知的心，有一份乐于阅读的情。教师选择了文本，自己在阅读中被感动，再进行下一步思考，将它转化为教学材料。对于一篇文本来说，就是在阅读时，教师要着眼于学生发展的需要，提取重点语段，聚焦重点词语，关注语言特色……从而选定教学内容，确定教学目标，实现阅读力的转化，提升学生的语文素养。在实施教学的过程当中，教师根据教学目标和重点、难点设计教学过程，促进学生能力的发展。教学以后，教师还要站在学生的角度及自己的处理层面进一步思考转化的成与败、得与失，这样自选文本教学，成为教师阅读力转化为教学生产力的最有效路径。自选文本教学还有助于教师阅读力的提升，有助于学生学习力的提升，是一个专家型教师的成长之路。

（二）教师要以现行教材为载体，构建阅读生态化智慧课堂

"整本书阅读"策略是教师引导学生进行整本书阅读、反思读书习惯、建构阅读整本书的经验，形成适合的读书方法，不断提升阅读与鉴赏能力的方式方法。这些工作都离不开教师的阅读力。教师要用心研究设计整本书阅读过程中的几种课型：伊始的导读课、阅读中的推进课、阅读中的研究课、阅读后的分享课等课型。教师通过对课型的研究，有助于更好地掌握各种类型课的教学模式、教学目的、教学过程、教学方法等方面的规律，提高整本书教学设计、实施和评价的能力。模式并不是目的，关键是在模式的研究当中提高整本书阅读的效率，为老师们开展整本书阅读提供可操作的课型模式。

（三）教师要用自己的阅读力指导学生自主阅读

兴趣能增强学生课外阅读的动力。"兴趣是需求的内驱力，是最好的老师。"托尔斯泰也说过："成功的教学所需要的不是强制，而是激发学生的兴趣。"只有激发学生产生阅读的内部动力，培养学生对课外阅读的浓厚兴趣，学生才会以积极主动的心态投入课外阅读中。

阅读能力是学生最重要的语文素养之一，无论是语感还是语言文字运用能力，都是通过大量的阅读实践活动养成的。现在所有学校都在大力推进整本书阅读教学，着力培养学生的阅读习惯，并助力学生养成终身的阅读习惯。

自主阅读是学生接收信息的过程，是整本书阅读的自我阅读阶段。在自主阅读文本之后，学生能抛开思想约束、畅所欲言地提出自己的真实问题，教师能针对学生提出的问题进行有效的阅读指导，培养学生凝练问题、表达问题的能力，让学生找到解决这些问题的路径，是教师阅读力转换为教学生产力的有效途径。

第四节
培养和提升教师阅读力不止一种方法

教师阅读力决定教师成长力。一个教师只读教材和教学参考书，远远不够，如此这般也只能依葫芦画瓢，生搬硬套，照本宣科式地灌输生硬的课堂知识，没有什么方法、技巧与智慧可言，更达不到活泼生动、深入浅出、出神入化的课堂效果！关于如何提高阅读力的问题，古今中外，有许多经典的著述，这些著作大多数是作者身体力行总结出来的感想、体会。读读这些书，虽然不能立竿见影，但是总会得到一些启发。近年来，我们在研究整本书阅读的过程当中找到了一些介绍培养和提升教师阅读力的书籍，希望这些书籍能够帮助我们培养和提升阅读力。

一、《如何阅读一本书》

开展整本书阅读离不开整本书阅读的理论指导，因此这里给老师们介绍的第一本书是《如何阅读一本书》。这本书的作者是美国学者莫提默·J.艾德勒。这是一本对提高教师阅读力非常有帮助的书籍，也是对开展整本书阅读教学极其有帮助的书籍，因而我把它放在了首位。

这本书是比较专业论述阅读书籍的阅读学读物。它把阅读由浅入深分成了四个层次。这四个阅读层次，在我们开展的整本书阅读中，在不同的约定阶段侧重点是不一样的。

这本书介绍的阅读的第一个层次是"基础阅读"。在这个阅读层次中，介绍了一个人可以理解的阅读的基本要求，就是说能读懂一篇文章、一本书。如果这个层次的要求都达不到的话，那么后续的三个层次的要求都难以达到。这个层次是我们进行整本书教学最应该、最扎实去做的一个层次，"万丈高楼平地起"，说的就是这个层次。

第二个层次是"检视阅读"。这个层次的主要特点就是强调阅读时间和效率，也就是快速浏览。对于某一本书系统的阅读，通过阅读把握一本书的基本信息，确定是不是要读这本书。换句话来说，就是通过看看书名，大体浏览一下序言，大致研究一下目录，再看看索引和作者的介绍，再挑几个看来和主题相关的篇章读几个段落，就可以判断要不要读下去。这时候就需要一些背景知识来支撑。这个层次一般在小学高学段就有了需要，因此，本书的阅读对开展整本书阅读有着重要作用。

第三个层次是"分析阅读"。分析阅读的含义就是全盘阅读，完整阅读，甚至是优质阅读。在这个层次里，我们可以对书籍做出分析性的理解和评论，我们还可以赞成或者不赞成作者的观点和陈述。注意一定要对书籍做出评论，这样才算是完成了这个层次。

第四个层次为"主题阅读"。主题阅读是最复杂也是最系统的阅读，它要求我们按照主题去找书来读，要求我们主动地去找书来读，进行比较性的阅读，对不同的书或者材料进行比较、分析、鉴别。

本书的第三、第四层次是整本书阅读从小学高学段开始一以贯之的阅读任务。

阅读的层次不是孤立、割裂的，而是循序渐进的。第一层次的阅读并没有在第二层次的阅读中消失，第二层次的阅读又包含在第三层次的阅读中，第三层次的阅读又包含在第四层次的阅读中。事实上，第四层次的阅读是最高的阅读层次，包括了所有的阅读层次，也超过了所有的层次。

其实，艾德勒的阅读分层理论，中国学者王国维早几十年就提出来了。王国维在《人间词话》中说："古今之成大事业、大学问者，必经过三种之境界。"这三种境界，一定程度上也相当于阅读的几个层次。

第一重境界：昨夜西风凋碧树，独上高楼，望尽天涯路。这一境界对应的是"基础阅读"和"检视阅读"，也就是刚刚开始找到阅读的情趣。

第二重境界：衣带渐宽终不悔，为伊消得人憔悴。这一境界体现了"分析阅读"时，深入理解、用功细读的阅读层次，即需要倾注大量的时间和精力。

第三重境界：众里寻他千百度，蓦然回首，那人却在灯火阑珊处。这一境界生动描述了"主题阅读"中广泛涉猎书籍，最终有所收获的欣喜，这是知识的内化与升华后的感动。

其实，不论是艾德勒，还是王国维，都在说明阅读是一场持续精进的人生修行。通过阅读，我们收获的不仅仅是知识经验的内化与积累，更是能力的拓宽与提升。

艾德勒还重点剖析了"分析阅读"技巧的规则。

规则一：对书籍进行分类。阅读开始之前，首先要清楚自己要读的是轻松的小说，还是深奥的哲学。书籍的内容不同，阅读的技巧和需要倾注的精力自然不同。

规则二：用简单句子介绍这本书。费曼学习法强调：输出是最好的输入。用自己的话，把一本书的主题口语化地简要表达出来，我们才会更加深刻且准确地理解书中的内容。

规则三：叙述书的整体框架结构。从看山是山，到看山不是山，再到看山还是山。只有把散乱于书中的知识按照树状的结构图重新构画出来，才会达到真正的内化与吸收。一本好书，就像一栋设计精美的别墅，只有用心探索才会体会到其中的乐趣与美感。

规则四：判断作者的主旨。打开每一本书之前，我们或许就心怀一个问题或一连串的问题。按照分析阅读的方法读完以后，我们心中自然而然地就应当浮现一个或者许多答案。

简而言之，分析阅读的四个规则其实很简单：分类→介绍→重构→答疑。规则很简单，但操作起来，需要我们教师付出更多的努力，尤其是小学阶段对学生整本书阅读的指导。

二、《朱子读书法》

中华民族是一个重视教育、重视读书的民族。自春秋时期的孔子起，历朝历代都有优秀的教育家从事教育事业，总结宝贵的教育、读书经验。这其中最为著名、较为完整、全面，而且对后世影响最大的，就要数南宋哲学家、教育家、文学家朱熹的读书之法，朱熹一生大部分时间都用在了读书和教书上，他提出许多关于读书的精辟见解。在国际阅读学界，人们公认诞生于12世纪的《朱子读书法》的学术水准是当时的欧洲学者无法比肩的。

开展整本书阅读离不开中国优秀传统阅读方法方面书籍的理论指导，因此，我介绍的第二本书是凝聚着中国古代阅读学成就的著作——《朱子读书法》。这本书介绍了大量的关于阅读的理念和方法。

《朱子读书法》是古代具有影响的介绍读书方法的论著，是宋代理学家朱熹的学生们经过汇集朱熹的训导概括归纳出来的。它集古代读书法之大成，是我国古代最系统的读书法，为中国古代最有影响的读书方法论，包括六条：循序渐进、熟读精思、虚心涵泳、切己体察、着紧用力、居敬持志。这"六条"读书方法不是孤立的，而是一个相互联系的有机统一体，具有内在的逻辑关系，是一个闭合完整的读书、求学、进业的程序和步骤。

朱熹读书的目标非常明确，那就是："为学之道，莫先于穷理；穷理之要，必在于读书。读书之法，莫贵乎循序而致精。而致精之本，则又在于居敬而持志。"这句话的意思是，做学问的途径，没有比穷究事理更为领先的了。穷究事理的要领，必定在于读书；读书的方法，没有比循序渐进以达到精深更重要的了。而读书要达到精深的根本，则又在于态度严肃认真和保持志向。这一点对我们开展整本书阅读教学有着重要的启发意义。现在，整本书阅读纳入课程标准，我们一定要明确开展整本书阅读的意义，不能为了整本书阅读而阅读整本书。

朱熹的弟子汇集他的训诫总结出来的《朱子读书法》是中国古代最有影响力的读书方法论，循序渐进、熟读精思、虚心涵泳、切己体察、着紧用力、居敬持志这六条读书方法在今天仍然具有重要的参考价值。

"循序渐进"包含三个意思。第一，我们读书时要保持沉静，不得存在急躁和浮躁。《呻吟语·问学》里有这样一句话："为学第一功夫，要降得浮躁之气定。"学习的第一步就是要摒弃浮躁，让自己安定下来，才能全身心地投入学习之中。第二，读书要按照一定的顺序。朱熹认为，凡读书，先读《语》《孟》，然后观史，则如明鉴在此，而妍丑不可逃。若未读彻《语》《孟》《中庸》《大学》便去看史，胸中无一权衡，多为所惑。读书要符合人认识客观规律的过程。第三，学习读书要打好扎实的基础，不可急于求成。朱熹认为，急于求成和囫囵吞枣容易造成学习读书不深入，不能很好地研读典籍。三个意思，对于我们开展整本书阅读极具指导意义。

朱熹认为，"熟读"的目的是"精思"。朱熹提出了"使其意皆若出于吾之心"作为精思的要求和标准，并且提出了"无疑—有疑—解疑"的过程作为精思的方法。朱熹说："读书始读，未知有疑。其次则渐渐有疑。中则节节是疑。过了一番后，疑渐渐解，以致融会贯通，都无所疑，方始是学。"这是发现问题、提出问题和解决问题的过程，这些都是精心思考的结果。

朱熹说："学者读书，须要敛身正坐，缓视微吟，虚心涵泳，切己省察。"并且他批评读书"贪多务广"者"终日勤劳，不得休息，而意绪匆匆，常若有所奔走追逐，而无从容涵泳之乐……"虚心强调的是面对新事物、新知识和不同的观点，首先要有一个宽大的胸怀，虚怀若谷，要以客观的态度去对待新事物和新知识；涵泳强调的是读书时需要反复咀嚼，细心品读，"读书之法无他，惟是笃志虚心，反复详玩为有功耳"。

"切己体察"既是学习方法，又是学习原则，强调要将所学的知识和道理亲自体验，躬行实践。朱熹认为切己体察有三个要求：第一个要求是自求自得，"师友之功，但能示之于始，而正之于终尔。若中间三十分功夫自用力去做"。第二个要求是着身体认，"要切己体验，不可只作文字看"，实践出真知，学到的知识只有亲自试验了才能内化成自己的。第三个要求是自信不疑，朱熹说"看人文字，不可随声迁就。我见得是处，方可信。须沉潜玩绎，方有见处。不然，人说沙可做饭，我也说沙可做饭，如何可吃？"处于信息纷杂的时代，对待知识一定要有自己的判断和坚持，不可以听之任之。

"着紧用力"要求读书时必须有破釜沉舟的精神和毅力。朱熹说："宽着期限，紧着课程。为学要刚毅果决，悠悠不济事。且如发愤忘食，乐以忘忧，是甚么精神，甚么筋骨。"并且朱熹以项羽破釜沉舟和韩信背水一战的典故作比喻，告诉学生读书时一定要刚毅果决。

"居敬持志"是朱熹最重要的读书方法。朱熹指出，"读书之法，莫贵乎循序而致精，而致精之本，则又在于居敬而持志。此不易之理也"。"居敬"就是读书时精神要专一，注意力要集中。"持志"就是要坚定自己的志向，"立志不定，如何读书？"朱熹认为要立定学圣贤之道、修身复性的志向，才能真正地取得成效。

朱熹的读书方法远不止这些，此六条读书方法是概括。这六条读书方法有特定的内在逻辑，是一个完整的读书、求学的程序和步骤。朱子读书法反映了读书学习的基本规律和要求，是朱熹一生刻苦治学，五十载辛勤执教的切身体验和实践经验总结。在当下的快节奏生活中，人们对于读书、学习、做事有着一种急于求成的浮躁心理；身处瞬息万变的信息时代，遇到事情也不会精于思考，缺乏思考就很难适应社会的发展。朱子读书法在千年后的今天依旧熠熠生辉，反观现代社会读书的浮躁之气，不得不引起人们的思考。

朱熹的一生，不是在求学的路上，就是在讲学的路上，他是教学者也是学习者，他的读书法不仅是用来约束学生的，更是用来约束他自己的。在苍茫大地上，朱熹只是一个渺小的个体，但他却因为读书学习而窥得天地万物，始终将"为往圣继绝学，为万世开太平"奉为心中使命，他是那个时代仰望星空的智者。

在讨论阅读力培养和提升的时候，阅读《朱子读书法》一定会给我们更多的帮助和启示。因为这本书把读书当作个人性情涵养、学养修为的过程。我认为要培养和提升阅读力，必须做到"居敬持志"，提升自己人格素养。这一点，值得我们教师汲取，值得我们在开展整本书阅读的过程中时刻牢记，并努力去践行。

三、《为什么读经典》

《为什么读经典》是意大利著名作家伊塔洛·卡尔维诺写的。他被称作"20世纪作家中的作家"，受到诸如莫言、王小波、苏童、阿城、朱天文、梁文道、艾柯、帕慕克、厄普代克等当代一流作家的一致推崇。

他在《为什么读经典》的第一篇"为什么读经典"中把文学阅读的感觉、趣味、想象、快乐、喜欢与阅读经典作品接通。让我们一起来欣赏以下作者这些闪耀着光芒和智慧的语言吧！

（1）经典如斯，常闻众人"重读（re-read）"，而非"正在读（reading）"。

这一点至少对那些被冠以"博览群书"之人再合适不过了；但是对年轻人不适用，毕竟他们涉世、读书未深。然而，读经典对年轻人更加重要，因为这为他们接触世界开了好头。

我想说的是，成年人第一次阅读经典将获得极大的乐趣。这种乐趣完全不同于年少时阅读它的感觉（当然，也很难说哪个乐趣多一些，哪个乐趣少一些）。青年人赋予每次阅读以独特的情趣和意义，正如他们每一次的人生经历一样；及至成年，他们才能够（或者应该）体会更多书中的细节、层次和意义。所以，我们还可以用另一种方式给经典下定义：

（2）经典如斯，不仅为已读过、爱过这些书的人以珍贵的体验，而且对那些等待合适机会阅读的人也将提供丰富的经验。

要知道年轻时我们读的书，如果不够细心、不够专注、缺少阅读技巧，抑或是缺少人生经验，那么阅读价值就会是寥寥无几。年轻时的阅读实际上在形成（也许同时就是）我们的人生观、世界观、价值观和审美观；所有这些都会在以后潜移默化地影响我们，即使书的内容早已忘却。当我们及至成年重读这些书的时候，我们会重新发现书中的恒久意义，即使我们已经完全忘了这些意义来自何处。我们收获的是一种特殊的能力，我们感觉不到它，但它却无处不在。

（3）经典如斯，它们施加以影响，成为我们难以忘却的想象，也能成为隐藏在记忆深处的个体或者集体无意识。

正是因为这一点，在成年生活的某一时刻，我们应该重新发现年少时那些最重要的阅读。即便是重读（当然随着历史背景的改变，书也在改变），已经改变的我们再次与同一本书的重逢也将是全新的。

（4）经典如斯，每每重读犹如初读那样获益良多。

（5）经典如斯，初读却能给你以似曾相识之感。

（6）经典如斯，读来收获，取之不尽用之不竭。

（7）经典如斯，身加万人评说向你走来，而身后拖着历经一种文化或多种文化（或历经不同语言和习俗）的足迹。

和阅读前头脑中的印象相比，阅读经典也一定会给我们惊喜。这就是为什么我们不厌其烦地推荐原典阅读，尽量避免二手的书目提要、书评和其他解读作品。学院和大学应该反复强调没有一本讨论原著的书能比原著更能说明问题。而实际情况却恰恰相反，学生都弃原著而不读。价值倒挂甚嚣尘上，导读、校注和书摘如烟瘴一般遮蔽了文本的原意。那些解读自以为比原文更了解原文。而原文要说和必须说的，原文自己都可以说得清楚。

（8）经典如斯，不断制造如浮云般的评论话语，却总能不为评论所困。

一部经典不必解惑。有时候，我们发现一部经典告诉我们已经知道（或者我们认为我们知道）的事情，但是我们没有意识到经典著作里早就说到了（或者说和经典文本有特别的联系）。这就和我们弄清楚一个想法的来源、想法和文本的联系或者谁先创造了这个想法一样，我们的发现往往也是一个非常令人满意的惊喜。

（9）经典如斯，是那些越是觉得通过传闻我们了解了它们，越是能够在真正读它们的时候发现这些书的原创性、出人意表和独创性。

当然，这种情形只发生在经典和读者之间建立起个人联系，经典的作品真正发生了"作用"的时候。如果经典和读者间没有碰撞出火花，那么阅读是无效的；仅仅出于对经典的崇敬和责任的阅读是无用的，我们应该出于爱经典而阅读。当然，学校是例外，不管你喜不喜欢，学校总要教你一些东西，其中不乏经典（可能用作教学标杆），之后，你会有"你自己"的经典。学校有义务通过各种方法教会你如何做出选择，但是真正有用的选择都是你离开学校后做出的。只有发自内心地喜欢，你才能把读到的书变成"你自己的"书。

（10）经典如斯，其与宇宙齐名，与古老的法器媲美。

（11）经典如斯，你不能忽视它，更在你与它或敌或友之间发现了你自己。

（12）经典如斯，其为后世经典之母；先读后世经典之人，能够立刻发现其在经典谱系中的位置。

（13）经典如斯，化眼前的噪音为低吟，而经典本身又存于其中。

（14）经典如斯，即使格格不入的现实当道，也愿化作背景噪音与现实共存。

伊塔洛·卡尔维诺从十四条"经典如斯"的叙述中说明阅读经典文学作品的感觉，几乎完全不用理论论述，全然是一个读者的感觉，经典文学作品的价值、鉴赏、作用几乎得以穷举。

书中卡尔维诺还很贴心地给读者们规划了"经典阅读计划"。比如，介绍色诺芬的《远征记》时，告诉读者可略去哪一章节，应细读哪一部分；介绍福楼拜时，推荐了一个晚上就可看完的《三故事》。

这是值得我们教师提升阅读力的一本书，是我们在开展整本书阅读中教给学生阅读文学作品的入门书,因此,我郑重地推荐给各位教师朋友。

四、《阅读力》

推荐这本书的理由,是因为聂震宁先生在阅读史上首次提出了"阅读力"这一概念,并且还是一位致力于全民阅读推广、提高国民阅读率、改善国民阅读素质的先行者。

聂震宁是我国全民阅读的倡导者、领读人。多年来,他一直在全国各地的全民阅读活动、阅读论坛、读书会和大中小学读书报告会上发表演讲,获得了社会各界的热烈反响。本书即为作者多年研究阅读学和普及阅读学知识的结晶。聂震宁在阅读史上首次提出了"阅读力"这一概念。"阅读力"这一概念是聂震宁先生游弋于理论与鲜活阅读生活的思考结晶。

在"碎片化"阅读盛行的今天,人们似乎更热衷于短信、微博、微信等"肤浅化"的阅读方式,作者对此现象进行了辩证分析,更通过许多真实事例、名人阅读案例来强调深度阅读的重要性,并提出"忙时读屏,闲时读书"的理念,从而说明一个道理:阅读力的培养实际是对人们思维能力的培养。《阅读力》一书说理深入浅出,行文明白晓畅,文风朴实亲切,适合各类阅读爱好者研读。

一个阅读者,只有对于阅读的历史、阅读的内涵及其文化意义有了比较正确的认识,又能掌握阅读的科学方法,其阅读力才可能得到较大提高。阅读力,其实就是教育力、文化力、思想力的一部分,一个人是如此,一个社会更是如此。

聂震宁将读书的目的与缘由归纳为四种,即读以致知、读以致用、读以修为和读以致乐——其中,最令人向往,同时是"阅读力"最牢固树立的核心,无疑是从阅读中感觉到乐趣。

所以，从开展整本书阅读的角度，我认为这本书是非常值得我们教师用心去读、用心去思考的。

五、《教师阅读力》

这是刘波作为一名普通教师的阅读和推动阅读的经验总结，它更是为我们提供了一个很好的阅读促进个人成长、阅读营造书香校园的案例。

《教师阅读力》出版后，一直深受读者好评。该书既入选中国教育新闻网和《中国教师报》联合评选的2014年度影响教师的100本书后，又入选浙江省教育厅微信推荐的2014年值得关注的20本教育类书籍和《浙江教育报》评选的2014年度浙江教师最喜爱的20本书。在书中我们一次又一次看到了阅读的价值和力量。

作者从教师阅读的必要性、阅读促进个人成长、推广全员阅读及教师阅读推荐四个方面，分享了自己的思考、方法等。朱永新说：一个人的精神发育史就是他的阅读史。这句话凸显了阅读在人的成长过程中的重要地位和作用。从时间的维度看，人的成长是由昨天、今天和明天来衔接的，每个人都无时无刻地在处理着昨天、今天和明天的关系，而阅读应该成为贯穿始终的一条成长主线。"一名教师，该如何去读书呢？"这本书就为我们提供了有效的阅读途径。书中的主要观点如下。

1. 要让阅读成为教师专业对话的纽带

随着信息技术的日新月异，阅读革命正在悄悄地改变着人们的阅读习惯，它让阅读变得越来越便捷。生长在信息化时代的我们，应该尽快适应这样的生活方式，方便地使用这些工具，享受优质教育资源。这也对今天推广阅读提出了新的要求。

2. 要让阅读成为教师自己的生活方式

刘波在本书的第二章介绍了自己从专业阅读到开放阅读,从读者到作者,从自我感悟到设坛论道的成长经历,其中最值得大家学习的就是他将自己的工作与阅读充分结合、将网络阅读和纸质媒体阅读充分结合,让阅读真正成为他自己的生活方式。

3. 要让阅读成为同伴互助的纽带

同伴互助是教师之间的专业对话、合作和互动。顾泠沅先生非常形象地指出,教学研究中的同伴互助,最容易出现"萝卜烩萝卜,烩来烩去还是萝卜"的尴尬局面,而造成这种局面的原因,是教师之间的对话常常处于问题的表层,无法深入到问题的实质。

4. 要用阅读来迎接新时代的挑战

数字化时代为我们的阅读提供了很大的便利,我们要充分利用好这样的资源。要善于利用搜索引擎或者期刊网的独特功能,选择自己所需要的信息。

"问渠那得清如许,为有源头活水来。"在讨论教师阅读力提升的时候,为了提高教师阅读力,我们推荐介绍了一些关于培养和提升教师阅读力方面的一些书籍,希望能让我们对培养和提升教师阅读力有比较开阔的思路。其实,每一本书、每一种读书方法都有其合理之处,关键是要看哪一本、哪一种方法是适合自己使用的。

阅读力是学习力的一种具体表现,教师的阅读力某种意义上决定了学生的阅读力,每名教师要热爱阅读,在分享中学会同伴互助,从阅读中寻找专业成长的源泉与途径,自觉运用在教育教学实践中,用自己的言行影响学生,改变学生,让阅读成为我们生活的一部分!

阅读力的路径与策略研究,恰恰为教师的持续成长提供了一泉活水，恰恰为落实《义务教育语文课程标准（2022年版）》"整本书阅读"的教学目标提供了坚实、有效的生产力，恰恰为学生在整本书阅读过程中，不断发现自己、提升自己、完善自己，提供了更持续、更有深度的生命体验。

我们知道，阅读不是万能的。但对教师的持续成长而言，没有阅读力的阅读是万万不能的；对学生的整体阅读素养提升而言，没有阅读力的阅读也是万万不能的。培养教师阅读力的路径与策略，可以有无数种选择，我们仅仅是在前人的基础上做了自己的实践。无论选择哪一条路径与策略，都要清楚地知道自己想要什么，更要清楚地知道怎样做才能到达。因为我们清楚地知道，将眼光放向远处，懂得活在自己的节奏里，适合自己的才是更好的。

每一条提升教师阅读力的路径与策略，最终指向的都是同样一个终点：在教师多维立体的阅读力提升中，阅读与交流并进，思想与情感共生，切实提升学生的阅读兴趣、增强学生的阅读信心、激荡学生的阅读思维、锤炼学生的阅读能力，从而达到培养学生整体阅读素养、为学生终身阅读奠基之目的。教师阅读力的培养和提升，应该是"润物细无声"的过程。那些坚持阅读，善于阅读的教师，总是能够散发出独特的魅力，深深吸引着身边的学生，也让自己的职业生涯过得更有幸福感。

事实上，关于阅读力的问题已经引起全社会越来越广泛的关注，这是在提倡阅读的背景下顺理成章的结果。而今，将整本书阅读纳入课程标准，教师阅读力的培养和提升必然引起社会的关注，因为教师阅读力的提升不仅事关教师自我成长、事关学生的健康成长，更关系着社会的进步和国家的发展。

诚如朱永新先生所说："教师的读书，不仅是学生读书的前提，而且是整个教育的前提！"苏联教育家苏霍姆林斯基也曾指出:"读书,读书,再读书,教师的教育素养的这个方面正是取决于此。要把读书当作第一精神需要,当作饥饿者的食物。"从这个角度来看,开展整本书阅读,教师阅读力的提升是当务之急。无需多言,让我们立即行动起来!

第四章
整本书阅读指导方案建构

《义务教育语文课程标准（2022年版）》明确提出了"整本书阅读"的要求：要引导学生在语文实践活动中，根据阅读目的和兴趣选择合适的图书，制订阅读计划，综合运用多种方法阅读整本书，借助多种方式分享阅读心得，交流研讨阅读中的问题，积累整本书阅读经验，养成良好的阅读习惯，提高整体认知能力，丰富精神世界。

整本书阅读应当关注特定的关键节点，有计划地分阶段实施。这一观点在叶圣陶与朱自清合著的《精读指导举隅》和《略读指导举隅》也有重要论述：将精读与略读相结合策略运用到整本书阅读教学中来。但叶圣陶先生所提倡的整本书阅读也多与中学生相关，虽未涉及小学整本书阅读教学，但对当前开展小学整本书阅读活动也极具借鉴意义。

《略读指导举隅》中对整本书阅读提出了五种方法：版本指导、序目指导、参考书籍指导、阅读方法指导、问题指导。书中阐述的整本书阅读方法至今仍具有很强的指导和借鉴意义。这篇文章本是叶圣陶给国文老师阅读指导的建议，但为什么要放在《好读书而求甚解》这本阅读书里呢？叶圣陶说，国文教学的目标，在养成阅读书籍的习惯，培植欣赏文学的能力，训练写作文字的技能。这些事不能凭空着手，都得有所凭借。凭借什么？就是课本或选文。有了课本或选文，然后养成、培植、训练的工作就可以着手。他认为阅读这件事情，除了学生要想养成一个良好的阅读习惯，教师的教授责任重大，要把语文教学这件事情说白说透。

从这里，我们也可以感悟到教师阅读力的培养和提升对学生开展整本书阅读的意义所在。关于教师阅读力的培养和提升，我们已在第三章进行了论述。

语文课程标准指出：阅读是运用语言文字来获取信息、认识世界、发展思维，并获得审美体验与知识的活动。

理想的阅读状态是生成高质量、个性化的阅读成果，从而不断地总结梳理科学合理的阅读经验。

从某种意义上理解，整本书阅读教学就是教师利用自身的语文学习经验和语文学习规律，引领学生在一定的语文学习时间，指导学生阅读整本书。在这个教学活动中，教师首先是一个成熟的、理智的阅读者，一个充满阅读力、诱惑力的阅读者，一个具有良好阅读习惯和行为的阅读者，一个对学生有自己的感悟与思考的阅读者在学生交流分享真正阅读者的阅读视角、阅读策略、阅读成果，教师的指导隐含在阅读活动的设计中，教师的指导隐含在阅读收获的交流中。

那么，一个真正的阅读者会怎样阅读呢？他会因为发现某本书的影响力和价值取向而选择它；他会通过翻看书籍封面、目录，判断自己是否能够阅读；他会在通读全书后有所感悟、有所收获、产生疑问，并且产生和别人积极讨论的渴望；他会在遇到困难的地方帮助别人深度阅读，获得深层次的阅读体验；他还会在获得新的认识和思考后，善于分享交流，乐于分享交流。参照真正阅读者的自然而然的阅读过程，精心设计指导学生整本书阅读的节点，引导学生更贴近真实的阅读状态，帮助学生成为一个真正的阅读者。选择合适的整本书阅读书目，是培养学生良好阅读习惯的第一步，也是整本书阅读教学实施的开始。在选择好师生共同交流与学习的整本书阅读书目之后，就需要对教学内容进行进一步的组织、整合，形成适合学生实际的整本书阅读课程资源。整本书阅读教学具有长期性、阶段性的特点，因此整本书阅读教学内容的组织安排要根据整本书阅读教学的总目标、阶段性目标进行长远性的规划。在具体实施选择、组织与整合时，需要考虑学生阅读的层级性与阶段性，努力使教学内容的组织更加合理、有序、有效。

我们根据课程标准对整本书阅读任务群的描述和叶圣陶关于整本书阅读的理论，以及现在整本书阅读研究专家吴欣歆、李煜晖等研究理论，确定整本书阅读的指导方案。主要包括以下几个部分：选择合适的图书；制订阅读计划；多种方法阅读；分享阅读心得，积累经验。指导方案建构的写作要考虑全面，力争建构的整本书阅读指导方案易于理解和操作。

因此，我们将整本书阅读过程指导方案建构内容设计为根据阅读目的和兴趣选择书目、激发阅读动机与兴趣、通读与感知、研读与欣赏、分享与交流5个环节。

第一节
根据阅读目的和兴趣选择书目

英国哲学家、作家培根曾经论述过不同的书籍对阅读者的不同影响：读史使人明智，读诗使人聪慧，学习数学使人精密，物理学使人深刻，伦理学使人高尚，逻辑修辞使人善辩。

俄国革命民主主义文艺批评家别林斯基说过，阅读一本不适合自己阅读的书，比不阅读还要坏。我们必须有这样一种本领，选择最有价值、最适合自己需要的读物。

日本著名教育学家佐藤正夫在其著作《教学原理》中也表明，教学内容的选择与组织是研究教学的重要环节。

所以，我们在开展整本书阅读首先要做的就是对阅读书籍的选择。

18世纪德国著名哲学家费尔巴哈说过这样一句话："人是他所吃的东西。"就读书而言人就是一本书，而读书就要像吃东西一样，要把知识都吸收了才能学到东西。所以这句话的意思是人是他所要学习的对象。人是信服这句话的。我们是否可以模仿这个意思来谈读书，那就是人是他所读的书籍。

美国教育家莫蒂默·阿德勒在《论阅读》中说："我们只有从比我们优异的人那里才能学的东西。所以，我们必须知道谁比我们优异，如何去向他们学，能搞清楚这两个问题的人，也就是我们所说的有读书艺术的人。或许我们每个人都有这种阅读能力，只要我们把阅读的技巧应用于比较有价值的著作上，并且努力去阅读，我们绝对都可以读得更好，获得更多。"莫蒂默·阿德勒讲得相当全面，一方面指出了阅读的目的性，又强调了阅读能力的重要性，再就是强调了要"应用于比较有价值的著作上"。因为，有时候一本适时的好书能够决定一个人的命运，或者成为他的指路明灯，确定他终生的理想。

凡此种种，让我们不得不对书籍的选择越发重视。由此想到，我们要进行的整本书阅读。鲁迅先生有一句名言："阅读是一次冒险。"为了避免我们的整本书阅读不是一次冒险，要切实做好整本书阅读选择书目的工作。

一、整本书阅读选择书目的四条线索

义务教育语文课程标准对阅读内容提出了原则上的要求，在具体的操作层面，应该怎样指导学生选择阅读对象呢？

我们都知道：在舒适地带，阅读处于松弛状态。对学生而言，书中的文字很好理解，内容相对集中、主题比较清晰、阅读过程比较顺畅，阅读的收获可能是看到了一个新故事，知道了一个新道理，或者是了解了一个新信息。学生愿意这样阅读，如休闲一般，在阅读当中获得轻松愉悦的心理感受。但是，只在"舒适地带"选择书目，难以完成课程标准规定的学习目标。

我国著名的作家王蒙主张"读一点费劲的书。读一点你还有点不太习惯的书，读一点需要你查查资料、请教他人，与师长朋友讨论切磋的书"。这句话告诉我们，在帮助学生选择整本书阅读书目的时候，要具有挑战性。

整本书阅读的选择很重要，既要切合班级大多数学生的年龄特点和阅读现状，又要有经典性和代表性。第一学段主要阅读图画书、童诗、桥梁书和童话，第二、第三学段以动物、幻想、冒险、科普、寓言、成长、神话题材，人物传记、文学名著、科幻小说为阅读的主体。

在现行教材版本下，我们进行整本书阅读书目的选择可以遵循以下四条线索。

1. 线索一：依据《义务教育语文课程标准（2022版）》

课程标准在两个部分对读什么书提出了要求，指明了方向。

一部分是在"整本书阅读"学习任务群的阐述部分。

针对第一学段（1～2年级），课程标准列出了3条内容标准。

（1）阅读富有童趣的图画书等浅易的读物，体会读书的快乐。

（2）阅读、朗诵优秀的儿歌集，感受儿歌的韵味和童趣。

（3）阅读自己喜欢的童话书，想象故事中的画面，学习讲述书中的故事，见表4-1。

表4-1 "整本书阅读"第一学段学习内容分析

阅读书籍类型	阅读要求
阅读富有童趣的图画书等浅显的读物	体会读书的快乐
阅读、朗诵优秀的儿歌集	感受儿歌的韵味和童趣
阅读自己喜欢的童话书	想象故事中的画面,学习讲述书中的故事

针对第二学段（3～4年级），课程标准也列出了3条内容标准。

（1）阅读表现英雄模范事迹的图书，如《小英雄雨来》《雷锋的故事》等，讲述英雄模范的动人故事。

（2）阅读儿童文学名著，如《稻草人》《爱的教育》等，感受作品传达的真善美，用自己喜欢的方式讲述故事大意。

（3）阅读中国古今寓言、中国神话传说等，学习其中蕴含的中华智慧，口头或书面分享自己获得的启示，见表4-2。

表4-2 "整本书阅读"第二学段学习内容分析

阅读书籍类型	阅读要求
阅读表现英雄模范事迹的图书	讲述英雄模范的动人故事
阅读儿童文学名著，如《稻草人》《爱的教育》等	感受作品传达的真善美，用自己喜欢的方式讲述故事大意
阅读中国古今寓言、中国神话传说等	学习其中蕴含的中华智慧，口头或书面分享自己获得的启示

第三学段（5～6年级），课程标准也列出了3条内容标准。

（1）阅读反映革命传统的作品，如《可爱的中国》《小兵张嘎》《闪闪的红星》等，讲述自己感受到的家国情怀和爱国精神。

（2）阅读文学、科普、科幻等方面的优秀作品，如《寄小读者》《十万个为什么》《海底两万里》等，学习梳理作品的基本内容，针对作品中感兴趣的话题展开交流。

（3）梳理、反思小学阶段的阅读生活，运用口头或书面方式，与同学分享自己整本书阅读的经历、体会和阅读方法，见表4-3。

表4-3 "整本书阅读"第三学段学习内容分析

阅读书籍类型	阅读要求
阅读反映革命传统的作品，如《可爱的中国》《小兵张嘎》《闪闪的红星》等	讲述自己感受到的家国情怀和爱国精神
阅读文学、科普、科幻等方面的优秀作品，如《寄小读者》《十万个为什么》《海底两万里》等	学习梳理作品的基本内容，针对作品中感兴趣的话题展开交流
小学阶段读过的相关作品	梳理、反思小学阶段的阅读生活，运用口头或书面方式，与同学分享自己整本书阅读的经历、体会和阅读方法

另一部分是在课程标准附录2《关于课内外读物的建议》，分不同的文体类型提出了书目选择的建议。例如，关于寓言，提出："寓言，如中国古今寓言、《伊索寓言》等。"这个部分还指出："根据教学需要，语文教师可按照《中小学生课外读物进校园管理办法》的规定，从中外各类优秀文学作品中选择合适的读物，特别是反映革命文化和社会主义先进文化的作品，向学生补充推荐。"

2. 线索二：依据统编版每册教材的"快乐读书吧"

"快乐读书吧"是"课外阅读进课程"的一个代表性新栏目，是统编版教材中指导学生进行课外阅读的重要板块，是课外阅读课程化的指引。"快乐读书吧"是统编版教材专门为整本书阅读编写的课程内容，每册教材一个，往往是结合相关单元课文主题进行整本书阅读书目推荐和阅读方法的指导。这个代表性新栏目旨在激发学生阅读各种类型读物的兴趣，学习一些阅读的方法，引导学生养成良好的阅读习惯。教师在充分把握教材特点的基础上，通过导读激趣、方法指引、总结拓展等策略，实现教材指引学生快乐阅读的目标，见表4-4。

表4-4 统编版教材"快乐读书吧"关于整本书阅读的统计

2022年版课程标准			统编版教材中的"快乐读书吧"			
学段	整本书阅读课程目标	整本书阅读学习任务群	册序	标题	书目	主要目标
第一学段	尝试整本书的阅读，用自己喜欢的方式向他人介绍读过的书；养成爱护图书的习惯	（1）阅读富有童趣的、浅显易懂的读物，体会读书的快乐；（2）阅读、朗诵优秀的儿歌集，感受儿歌的韵味和童趣；（3）阅读自己喜欢的童话故事，想象故事中的画面、学习讲述书中的故事	1	读书真快乐	教材中没有规定或推荐书目	了解丰富多彩的阅读生活，激发读书兴趣
^	^	^	2	读读童谣和儿歌	教材中没有规定或推荐书目	阅读、朗诵优秀的儿歌集，感受儿歌的韵味和童趣。初步学习图像化和联结策略
^	^	^	3	读读童话故事	《鲤鱼跳龙门》《"歪脑袋"木头桩》《孤独的小螃蟹》《小狗的小房子》《一只想飞的猫》	认识书的封面，初步养成爱护图书的好习惯，读懂童话故事的内容，初步体会主人公的形象，运用联结策略感受人物情感

续表

学段	2022 年版课程标准		统编版教材中的"快乐读书吧"		
	整本书阅读课程目标	整本书阅读学习任务群	册序	标题	书目	主要目标

学段	整本书阅读课程目标	整本书阅读学习任务群	册序	标题	书目	主要目标
第二学段	阅读整本书，初步理解整本书中的主要内容和同学分享自己的阅读感受	（1）阅读表现英雄模范事迹的图书，如《小英雄雨来》《雷锋的故事》等，讲述英雄模范的动人故事；（2）阅读儿童文学名著，感受作品传达的真善美，用自己喜欢的方式讲述故事大意；（3）阅读中国古今寓言、中国神话传说等，学习其中蕴含的中华智慧，口头或书面分享自己获得的启示	4	读读儿童故事	《神笔马良》《七色花》《一起长大的玩具》《愿望的实现》	学会看目录，阅读儿童故事，联系自己的生活实际，感受亲情和爱带来的美好
			5	在那奇妙的王国里	《安徒生童话》《稻草人》《格林童话》	阅读童话故事，感受丰富的想象，体会故事中传递的真善美；运用预测、梳理人物关系等方法，理解故事内容
			6	小故事大道理	《中国古代寓言故事》《伊索寓言》《克雷洛夫寓言》	感受中国古代寓言的魅力，乐于读寓言；理解故事内容，明白其中蕴含的道理，运用联结、提问和转化策略收获思考和表达启示的快乐
			7	很久很久以前	《中国古代神话》《山海经》《希腊神话与英雄传说》	阅读中外神话故事，感受神奇的想象，知道神话和英雄神话是人类对自身能力和愿望的最极致体现；通过神话创世策略，运用图像化策略对神话人物的语言、动作及行为等的描写，感受英雄和神话的形象，有自己的看法
			8	十万个为什么	米·伊林的《十万个为什么》、中国的《十万个为什么》《看看我们的地球》，以及《灰尘的旅行》《人类起源的演化过程》	通过阅读科普书目，逐步养成对身边事物进行提问、学习运用确定重点的阅读策略习惯，结合已习得的办法有主动探究并解决问题的意愿

88

续表

2022 年版课程标准			统编版教材中的“快乐读书吧”			
学段	整本书阅读课程目标	整本书阅读学习任务群	册序	标题	书目	主要目标
第三学段	阅读整本书，把握整本书中的主要内容，积极向同学推荐并说明理由	（1）阅读反映革命传统的作品，如《可爱的中国》《小兵张嘎》《闪闪的红星》等，讲述自己感受到的家国情怀和爱国精神； （2）阅读文学、科普、科幻等方面的优秀作品，如《寄小读者》《十万个为什么》《海底两万里》等，学习梳理作品的基本内容，针对作品中感兴趣的话题展开交流； （3）梳理、反思小学阶段的阅读生活，运用口头或书面方式，与同学分享自己整本书阅读的经历、体会和阅读方法	9	从前有座山	《中国民间故事》《欧洲民间故事》《非洲民间故事》	阅读世界各地，尤其是中国民间故事，体会寄托其中的朴素愿望；能用创意的方式来展示分享民间故事
			10	读古典名著，品百味人生	《西游记》《三国演义》《水浒传》《红楼梦》	实践从课文阅读中学习古典名著的阅读方法，感受古典文学的语言魅力
			11	笑与泪，经历与成长	《童年》《小英雄雨来》《爱的教育》	阅读经典成长小说，综合运用多种阅读策略，走进主人公的生活，从中汲取成长的智慧和力量；学习用人物环形图、树状图等方式，围绕主人公梳理人物关系，以便更好地读懂故事；尝试通过写阅读记录卡、写读书笔记、制作人物资料卡等方式加深对小说内容的理解
			12	漫步世界名著花园	《鲁宾逊漂流记》《骑鹅旅行记》《汤姆·索亚历险记》《爱丽丝漫游奇境》	理解名著是人类智慧的结晶，有较高的阅读价值，能沉下心来坚持读下去；阅读名著之前有意识地了解写作背景、阅读名著梗概，以帮助自己更好地理解作品的内容和价值；尝试采用多种方法加深对文章内容和思想的理解：除了边读边做批注，还可以摘抄喜欢的段落并标注页码，画人物图谱、梳理人物关系、写下全书结构及作者要表达的一些想法等

从表 4-4 统编版教材"快乐读书吧"关于整本书阅读的统计中可以看出：

其一，统编版教材"快乐读书吧"规定/推荐书目和目标定位，基本上与 2022 年版课标的规定是一致的。例如，在课程内容上，第二学段第三条是："阅读中国古今寓言、中国神话传说等，学习其中蕴含的中华智慧，口头或书面分享自己获得的启示。"在统编版教材中，寓言阅读安排在三年级，神话阅读安排在四年级。

其二，部分书目学段安排不一致。例如，统编版教材低年级没有明确提到"图画书"；2022 年版课标在第二学段提到的《小英雄雨来》《爱的教育》，在统编版教材中被安排在了六年级；统编版教材安排在四年级的科普阅读，在 2022 年版课标中被安排在了第三学段。

其三，结合 2022 年版课标中的整本书阅读学习任务群中的"教学提示"会发现，统编版教材"快乐读书吧"的学习目标定位与 2022 年版课标基本是一致的。

其四，在规定/推荐阅读的书目上，统编版教材比课标更具体。这是肯定的，课标是纲领性文件，在阅读书目上主要是方向性的提示。在统编版教材中有而 2022 年版课标没有列出的书目，可以理解为含在"等"字里面。参考"附录 2《关于课内外读物的建议》就更清楚了。

3. 线索三：联系课文内容进行延伸阅读

除"快乐读书吧"外，与单元内容学习相联系的整本书阅读。与单元内容学习相联系的整本书阅读书目和教学内容选择，可以从课文后面的"阅读链接"中找线索，更依赖于教师对课程内容和目标的创造性理解。例如，在学习《花的学校》（三年级上册）时，可以阅读泰戈尔的《新月集》；五年级下册第六单元的习作是"神奇的探险之旅",可以结合适合学生的探险故事的整本书阅读开发课程,如共读《神龙探险队》。

4. 线索四:以促进学生精神成长为主要目标的整本书阅读书目选择

如果学生阅读欣赏能力已经提高,那么可以促进学生以精神成长为主要目标进行选择书目。选择的标准:一是作品主题积极阳光,文质兼美,能从多角度助力学生的精神成长;二是难度适中,适合儿童阅读。在"快乐读书吧"之外,最好每学期选择一本这样的整本书进行共读,比如一年级上学期读《田鼠阿佛》或《从前有个筋斗云》,下学期读《蒂科与金翅膀》或《一个男孩走在路上》;二年级上学期读《香草女巫》或《奶奶的除夕夜》,下学期读《木偶奇遇记》;三年级上学期读《夏洛的网》,下学期读《小飞侠彼得·潘》或《调皮的日子》;四年级上学期读《绿野仙踪》或《柳林风声》,下学期读《特别的女生撒哈拉》或《疯狂爱书人》;五年级上学期读《乘风破浪的男孩》,下学期读《射雕英雄传》或《毛毛》;六年级上学期读《飞越天使街》或《苏菲的世界》,下学期读《我的跑道》或《戴面具的我》。

那么,在实际教学中,究竟一个学期读多少本书比较合适呢?这个问题因人而异、因时而异,要根据教学需要而定、根据学生的实际情况而定,阅读数量不能强求统一。

二、整本书阅读选择书目的论证报告

无论是根据哪一条线索选择的整本书阅读书目,老师在确定书目以后,原则上要在向学生介绍之前进行详细的选书论证,至少要具备以下两个维度:一是所选作品本身的经典性,二是所选作品对于学生而言的适用性。介绍的内容不仅包括书目、目的、作者、版本、主要内容等基本情况,更要有对这本书的教学价值进行论证,还要写出自己阅读这本书之后的感受,因为只有教师对书中的内容进行了深入的研读,才能引领学生读出深度,读出自己的感悟。然后才是对整本书阅读可行的教学课型、教学内容的阅读过程的设计。

选书论证报告案例:《草房子》选书论证报告

1.《草房子》的基本情况

内容简介:

《草房子》是作家曹文轩创作的一部少年长篇小说,也是一部精彩的儿童文学作品。该作品主要分为九章,讲述的是一个名叫桑桑的男孩的小学六年生活。这六年,是他接受人生启蒙教育的六年。该作品整体结构独特而又新颖,情节设计曲折而又智慧。

作者简介:

曹文轩,1954年1月出生于江苏省盐城市盐都区学富镇中兴街道周伙村,中国作家、北京大学教授、北京作家协会副主席、儿童文学委员会委员、中国作家协会鲁迅文学院客座教授、中国作家协会儿童文学委员会主任。2019年,曹文轩的长篇小说《草房子》入选"中华人民共和国70年70部长篇小说典藏"。

作品特点:

曹文轩的作品具有深刻的思想内涵和独特的情感表达。他的作品非常美丽,以梦与理想、自我探索等一般性的寻找素材为基础,将实物拟人化的童话特征,为孩子们树立了面对和挑战艰难生活的榜样,赢得了广泛儿童读者的喜爱。

2.《草房子》的教学价值

(1)知识积累。学习阅读经验,选择不同视角分析人物形象。通过梳理人物关系图的学习任务设定为选择一个人物作为中心，绘制整本书的人物关系图。阅读能力强的学生可提升难度，让学生围绕中心场景、文化背景、重要事件，以"油麻地小学""大河""比赛"等为核心词绘制人物关系图，引领学生细致地阅读文本。

统整书中各种各样的人生苦难。通过寻找《草房子》人物之最，对人物进行评价并说明理由，还可以找出喜欢的人物并讲讲他（她）的故事。这样设计是为了感悟《草房子》蕴含的悲剧美。曹文轩写苦难，写白蒋支离破碎的爱情，写杜小康葬送殆尽的梦想，写细马突如其来的生活重担，写桑桑措不及防面临死亡的威胁，但最后的最后，是白蒋二人有了自己的归宿，杜小康经历大悲大痛后的成长，细马成为独当一面的大人，桑桑战胜了绝症，成功活了下来。尝试阅读策略，发现叙事环境创设的小秘密。

见证人物成长中的质变（思辨阅读）。运用多种阅读策略，结合具体的语境感受成长是量的积累到质的转变的过程。小说中秃鹤因报复班级，最终被班集体冷落后，没有一个小组愿意接纳他。于是，作者设置了一个秃鹤放学后坐在砖窑热砖坯上的情境。这既能表现秃鹤此刻内心的冷，又能象征秃鹤此刻正在经历一次自我煎熬，如同砖坯变成砖一样，为后面主动请缨出演"杨大秃瓢"作铺垫。可以说，热窑正在接受煅烧的砖坯见证了秃鹤的蜕变。再比如，为了弄邱二爷药中所需的柳树须子，在冰天雪地中，细马开始了硬碰硬。冻土越是坚硬，就越是能体现在冰雪中用铁镐刨柳树须子的细马之坚毅。那震裂的虎口，染红的铁镐柄，以及头顶在冷空气中升起的热气，都是细马精神的见证。

《草房子》及其九个章节：秃鹤、纸月、白雀一、艾地、红门一、细马、白雀二、红门二、药寮，它们不仅指一个人物或表示某一个地点，还包含着浓郁的古诗词的韵味和美感，为整个作品渲染出素雅、柔美的情调和气氛，自然地打开了读者审美化的阅读期待，恰有"转轴拨弦三两声，未成曲调先有情"的意味。

（2）能力提升。在阅读推进课上，老师要求学生从阅读《草房子》的过程中，选择一两个人物，用心体会他们的成长历程，并做简要记录。这就要求学生在读的过程当中提取有价值的信息。而到了阅读展示课时，老师要求学生介绍他们所了解的人物形象，提升了学生评价人物的能力。进一步提出这些人物形象对你有哪些启示，从而与学生个人的精神成长紧密联系起来，提升了学生联系生活实际和学会表达的能力。

3.《草房子》精神成长的价值与意义

优秀的小说能丰富学生的情感体验，帮助学生获得人生的启迪，养成积极的生活态度及树立正向的价值观。《草房子》作为一部备受人们关注的儿童小说，给我们指出了学生阅读的新方向，不仅要在书籍中去感受语言、体会内容，更要去感悟内涵，去感悟童年的美好。文中积极向上的人生态度与语文教学的育人目标完全一致，值得引导学生认真阅读，建立积极向上的人生观和世界观。就像作者曹文轩说的那样，"美的力量，绝不亚于思想的力量。一个再深刻的思想都可能变成常识，只有一个东西是不衰老的。那就是美"。在《草房子》这本书里，美无处不在，景物、人物、故事、语言都是一个个美的所在，仿佛一个个晶莹剔透的童话世界。闪耀在人物身上的人性美，更是让人刻骨铭心。《草房子》用诗一般优美的语言为我们描绘了一幅百看不厌的江南水墨画。金色的草房子，静静的大河，一望无际的芦苇荡，这就是油麻地。这里生活着一群可爱的孩子：聪明顽皮的桑桑，秃顶的陆鹤，不幸的杜小康，以及柔弱文静的纸月……他们演绎了一幕幕催人泪下、撼动人心的故事，每个人身上都散发出人性美的光环，不断地冲击着我们的心灵。

在《草房子》这本书中，通过秃鹤、纸月、细马、杜小康四个同学，让我们体会到了成长的力量。秃鹤是一个秃顶的孩子，他让我们明白要用自己的努力换来自尊。纸月是美得让人忍不住产生保护欲望的孩子，人如其名，是一个易碎品。细马是一个领养来的孩子，在一个陌生的世界里，他感受到了被人排挤，无法适应新的生活。但是他通过自己的行动让我们体验到了什么是忧伤，什么是勇气。杜小康的生活更有戏剧性的变化，从原来的全村首富一夜间变为负债累累，小小的孩子确实承受了太多太多。从《草房子》里描写的这些孩子们的行动当中，我们体验到了什么是责任，什么是力量。

基于对《草房子》这本书的知识积累、能力提升及学生精神成长需要的分析，我们确定为孩子们选择这本书进行整本书阅读。

4.《草房子》阅读心得

苦难中铸就永恒，悲情中演绎唯美
——《草房子》读后感

因为有了指导学生采用《草房子》这本书进行整本书阅读的想法，所以最近一段时间我先自己读了《草房子》这本书，现在把读这本书后的感悟记录下来。看完这部作品，我深深地被作品的美学意识，那份忧郁中承载的温情和悲悯的情怀，那份拷问生命、追求永恒的生命意识，那份在苦难中坚强成长的人生历程所深深地打动。

《草房子》是曹文轩纯美小说系列的作品之一。在曹文轩的笔下，"美"与"苦难"是伴生的——哪里有苦难，哪里就有以"美"为武器的抵抗。在《草房子》里，每个人都面临着人生的不圆满：秃鹤从小头是秃的，常常因此招人嘲弄；纸月身世不明，母亲去世，父亲不知是谁；杜小康从看似圆满的生活，被置于孤寂的处境，从其父亲撞船开始即陷入西西弗斯式的宿命之

中；细马被置于语言不通的陌生世界，可以看作人类被抛于世的隐喻；而白雀和蒋一轮，看似一个传统的令人叹息的爱情悲剧，表达的其实是命运的荒诞。可以说，在勘探人类生存境遇时，曹文轩彰显了一种现代主义的犀利、深邃与冷静。但是，在寻找精神的出路时，他认为还是古典主义更具有悲悯情怀，更具有温馨、温暖的庇护和慰藉人生的力量。

①苦难中拷问，成长中永恒

曹文轩写苦难，写白蒋支离破碎的爱情，写杜小康葬送殆尽的梦想，写细马突如其来的生活重担，写桑桑猝不及防面临死亡的威胁，但最后的最后，是白蒋二人有了自己的归宿，杜小康经历大悲大痛后的成长，细马成为独当一面的大人，桑桑战胜了绝症，成功活了下来。《草房子》中描写了种种苦难场面，如残疾、贫穷、疾病等，但是面对苦难，面对死亡，作者站在儿童的角度诠释了儿童内心的成长历程，最终实现了个体生命的永恒。也许我们认为，一个人的童年就应该是无忧无虑的，天真无邪的，而曹文轩的儿童本位观，让我们看到了童年不仅有欢乐，也必须有体验生命的一切——生死离别、游驻聚散、悲悯情怀、厄运中的相扶、困境中的相助、孤独中的理解、冷漠中的默默温馨和殷殷情爱……因为道义的力量、情感的力量、智慧的力量和美的力量，永远是孩子们成长过程中最需要的营养。在《草房子》中，许多人都在经受苦难，这些人物的经历都在告诉我们：人生就是经历的过程，人生就是成长的历程，任何人的成长，必然在经历种种复杂的历练中蜕变，在蜕变中永恒。这是人类发展的规律，任何人都无法超越。

②悲情中积淀温情，阅读中演绎唯美

《草房子》中的人物在生与死、爱与恨、聚与散的种种矛盾中，诠释了生命的本真。曹文轩用一种对待生命平等，尊重的人文情怀，阐释了一种悲而动心的悲剧感。一缕感人而又悠远的悲悯情怀便飘散而出，萦绕在读者的心间。这种观照文学、观照生命的方式，在文中体现为人与人，人与自我，人与自然双重维度的矛盾对抗。将人类存在的种种困境用儿童的视角展现出来，在悲悯精神之间，将苦难中的温情演绎得淋漓尽致。在阅读《草房子》的过程当中，我深刻地体会到了悲情中的悲悯情怀与苦难中的温情，这是一种源于灵魂深处的真情爱的感召力量，这种爱的力量与五四时期冰心的儿童文学中的"母爱"主题是一脉相承的，让我们读出了人性中善的一面。亚里士多德说得很明白，美是一种善，其之所以引起快感，正因为它是善。在这大善大爱中，我们体会到了人性美的地方。

③精神家园的真善美洗礼

奥地利精神病学家阿尔弗雷德·阿德勒说："幸运的人一生都在被童年治愈，不幸的人一生都在治愈童年。"童年是人类最初的精神来源和终生的栖身之地，如果童年时期快乐成长，那么这种快乐将伴随我们一生。

童年是文学的永恒主题，曹文轩在《草房子》中以爱为底色探寻生命，凸显了对现代的超越、古典的坚守。他满足了儿童的审美期待和精神寓意，无论是他的文字还是故事讲述，抑或是他丰盈、厚实的情感意蕴，都是如此的宁静、优美，而这种唯美的、高贵的品格又是那么平易近人，打通了儿童和成人间的欣赏壁垒，无论哪一个年龄层次的读者都能从中享受到艺术的陶冶，心灵的洗礼，甚至灵魂的战栗。

苦难中铸就永恒，悲情中演绎唯美。《草房子》自始至终都是美的，无论是孩子，还是成人，在阅读时都能捕捉到这种美的感受，感受到成长路上的心灵慰藉。读完《草房子》这本书，我发现，他们之间的故事，就是以苦难与成长为主题的故事，故事的核心是一种内心方面的精神成长。

成长是什么呢？我觉得，成长是对他人与社会的一种关切和善良，正如卢梭说的，"成长就是爱一切人"。村上春树曾说："当你穿过了暴风雨，你就不再是原来那个人。"我们每个人都在穿过我们人生的暴风雨，我们穿过暴风雨的过程，就是破茧成蝶的过程。不管生活给你多少苦难，都希望在内心的成长中实现"艰难困苦，玉汝于成"，都能像秃鹤一样找回自己的价值，像杜小康一样学会坚持，像桑桑一样学会关爱他人，不负自己的童年。

我在读了《草房子》之后，心灵受到震撼，我愿意和学生共读曹文轩的《草房子》，在阅读中让学生学会面对挫折如何成长，同时避免书中孩子们的经历在学生身上再一次上演。愿意和学生共同在精神的家园里进行一次真善美的洗礼！

第二节
激发动机与兴趣

荷兰教学法专家兰妮·堡曼提出：消除学生阅读的心理障碍的最佳途径是激发学生的学习兴趣，帮助学生孕育起一种情感，使其产生阅读的欲望。

苏霍姆林斯基说："把每一个学生都领进书籍的世界，培养对书的酷爱，使书籍成为智力生活中的指路明星。"

温儒敏教授也指出兴趣是第一位的，他多次强调："整本书阅读旨在引导学生通过阅读整本书，拓展阅读视野，建构读书的经验，形成适合自己的读书方法。""有兴趣学生会主动去读、有时间去读。"在他看来，"整本书阅读"的教学重点是激发兴趣，减少"规定动作",唤醒阅读力,从少儿的阅读兴趣出发,层层推进整本书阅读。

一、动机与兴趣的话题

谈到阅读欲望的话题,我想起了德国作家托马斯·曼有一本小说《浮士德博士》,书中的一个细节值得我们玩味。书中的那个年轻女钢琴教师在辅导十几岁的小男孩弹钢琴。弹琴间歇时,小男孩忽然两眼充满兴奋地向女教师提了一个问题:"老师,这个世界上,除了爱这种情感,还有没有另外一种情感,它的浓烈度超过了爱本身?"女教师的回答十分精彩:"有,这种情感叫作兴趣!"这个回答有深度,令人难忘。可以说,兴趣是一切爱之源,而要使得爱保持下去,也要以兴趣为支点。

我国古代教育家孔子说"知之者不如好之者,好之者不如乐之者",兴趣是积极参与学习活动的心理倾向。同理,整本书阅读有赖于兴趣,兴趣是阅读保持下去的情感基础。保持我们整本书阅读的兴趣,这是提高整本书阅读效果的一个关键点。那么,如何激发孩子读整本书的兴趣呢?

"成就动机是人们在完成任务时力求获得成功的内部动因。即对自己认为重要的、有价值的事情愿意去做,并力求完美的一种内在推动的力量。"现代学习理论认为,动机是学习过程中不可或缺的要求。它以情绪、态度和意志等模式出现,与学习的内容和结果同等重要。

二、激发动机与兴趣的路径

基于需求的整本书阅读,必须深入分析学习者的学习动机,如果整本书阅读没有切中学生的需求,没有激发学生的阅读动机,没有唤起学生的读书欲望,那么,老师面对的必将是一场可怕的"灾难"。因此，我们在整本书阅读学之前一定采取多种方式、开展不同形式的活动，以此不断造势，不断预热，努力营造浓厚的读书氛围，以期激发学生阅读整本书的兴趣，达到整本书阅读教学的目的。结合我们的整本书阅读实践，学习各位前辈和优秀教师的做法，我们认为从以下几个方面入手会收到较为理想的效果。

（一）打造儿童阅读环境

关于打造良好的阅读环境，在英国作家艾登·钱伯斯《打造儿童阅读环境》一书中有精彩的描述。艾登·钱伯斯，英国当代著名青少年文学大师。2002年，钱伯斯以其在儿童文学创作与推广领域的杰出成就荣获国际安徒生奖。《打造儿童阅读环境》是钱伯斯长年研究、推广儿童阅读活动的理论与实践的总结。《打造儿童阅读环境》一书指导老师和家长通过环境与活动的整合，帮助儿童亲近图书，进而鼓励儿童自主而愉快地阅读，"儿童阅读是需要环境的，而环境需要老师和家长去共同创建和引导"。

打造儿童阅读环境，应贯穿于阅读循环圈的整个过程。教师和家长一方面注重物质环境的建设，为孩子们提供足够丰富的书，布置适宜的读书环境；另一方面，还注重精神环境的建设，为孩子们营造良好的阅读氛围，点燃他们的阅读热情，提供充分的阅读原动力。我们都希望儿童能够自动自发地阅读，但这其实是需要引导的。引导孩子们尽情地遨游在阅读的海洋之中。

在校阅读：教室里可以设计"班级图书银行""好书我推荐""读书体会感言"等专栏，让教室到处都弥漫着浓郁书香，孩子们自然就被熏陶，变得爱读书。

在家阅读：家长们可以布置家庭书房，设计阅读橱窗，让孩子对书唾手可得。学校还可以定期评选书香家庭，每一学期总结表彰，激励更多的家长开展亲子共读活动，切身感受亲子阅读的好处。星期天、节假日，家长们还可以带着孩子到新华书店、图书馆逛一逛，和孩子们一起遨游书海。

无论是在家庭、在学校、在书店、在图书馆，这些充满书香的环境都会让孩子感受到浓厚的阅读氛围，这些充满书香的环境刺激孩子们在书林中跃跃欲试，让孩子产生一种置身于精神文明宝库的神圣感，这样孩子们读书的兴趣就油然而生，教育效果可想而知。

（二）保证足够的阅读时间

人民网曾经发表文章《保证学生阅读时间是教育"基本功"》，文章中提道：《中小学读写现状调研报告（2019）》发布，报告显示，虽然有接近九成的受访者对阅读感兴趣，但近七成中小学生每天阅读时间低于一个小时。而且随着年龄的提升，每天阅读时间不足一个小时的学生明显增多。

为提高广大中小学生阅读能力和综合素质，受教育部委托，教育部基础教育课程教材发展中心组织研制并发布了《中小学生阅读指导目录（2020年版）》。发布后就有学者提出：能否充分保障中小学生的阅读时间，让他们抽得出足够的时间进行课外阅读？如果中小学生没有时间阅读课外书，那么，教育部发布《中小学生阅读指导目录》，无疑就失去了指导意义。呼吁不要让经典作品只停留在阅读指导目录之上。

以上种种材料说明：许多专家、学者都关注到了学生阅读的时间问题。从某种意义上说，课外阅读比课内阅读更加重要，如何保证阅读时间，让孩子多读课外书尤为重要。所以说，在阅读时间保障上，学校和家长要合理规划，保障学生必要的阅读时间，保障我们开展整本书阅读的时间。

首先，要改革语文作业形式，减少机械重复地刷题，落实

"少做题，多读书"的语文教学理念，保证学生每天有自由的课外阅读时间：义务教育阶段每天不少于10分钟，高中阶段每天15～20分钟。

其次，改变家长甚至是教师对于课外阅读仍然抱有偏见的想法。他们认为读课外书是不务正业，会耽误学习、会耽误升学。在这种认识下，中小学生的阅读时间是无法保障的，而且随着年龄增长，升学压力越来越大，阅读时间被进一步挤压，整本书阅读就更难以开展。

在语文课时减少，国家实施"五项管理""双减"的背景下，我们广大教师更应该及时转变教学观念，真正认识到课文学习只是体现阅读理念的一部分，更多的阅读时间应该放到课外，尽快找到实施整本书阅读的策略与路径，从如何保证足够时间入手来实施指导学生的课外阅读，每周拿出一两节课的时间，做到让学生潜心阅读，师生、生生共读一本书，大家共同交流、共同提高。

能否保证学生的阅读时间，从大处说是教育核心素养得到落实，是评价减负效果的一个维度；从小处说是体现我们一个学校建设书香校园、推进学生阅读的工作水平，也是体现教师教育教学能力的试金石。

（三）制订整本书阅读计划

阅读计划是灯塔，指引着阅读的方向。如何指导学生制订阅读计划呢？学生由于年龄的特征，集中注意力的时间有限，阅读一本书，未必能够一字一句地从头读到尾。但他们由于有先睹为快的愿望，比较常见的现象可能是先看开头，然后翻遍全书，急于寻找自己最想知道的内容。基于以上认识，要帮助学生制订整本书阅读的计划，应该指导学生做好以下三件事情。

第一件事：确定阅读时间。每天在固定的时间读书，不管你有多忙或多重要的事，如果学生能够按照计划，坚持每天阅读，一本接一本地阅读，长期积累下来，学生就会获得阅读的成就感和愉悦感。

第二件事：确定阅读进程。要规定自己每天读书（学习）的进度，必须完成的读书量。

第三件事：确定阅读任务。任务设计要具有挑战性和聚焦性，引导学生构建整本书的阅读经验，开启阅读的"智慧之旅"。

（四）精彩导读诱趣

诱趣教学，就是通过诱导学生的学习兴趣，激发学生自主的学习意愿和学习热情，从而达成教学目标的一种教学方法。在整本书阅读导读环节，诱趣教学将学生作为课堂教学的主体，保护和尊重学生的求知欲，培养学生对阅读的学习兴趣，激发学生的阅读欲望，提高其阅读能力，养成良好的自主阅读习惯，从而促进学生阅读水平的提升。导读诱趣不是选择了一本书就必须设计教学环节，由于产生阅读的愿望常常源自外界的影响，所以能否起作用取决于学生对教学的理解能力。兴趣是最好的老师，经典读物就摆在孩子面前，如何激发孩子对书籍的阅读兴趣，更有效地品味经典？如何让孩子有针对性地解决问题？

我们必须时刻牢记，一本书精彩的导读设计，其价值在于培养理智的读者，帮助学生做出理智的阅读决定，让学生由内而外产生阅读动力，产生坚持阅读的力量，而不是为诱趣而盲目设计。

所以，老师上好导读课非常重要。这个问题我们放在整本书阅读课型模式研究章节的导读课设计中详细展开介绍。

（五）以"赏"诱趣

"赏"，即欣赏、品味。以"赏"诱趣就是引导学生将经典读物中的精彩片段再欣赏、品读的过程中感受语言的魅力，激发学生读原著的愿望。例如，曹文轩的《草房子》《青铜葵花》，语言质朴优美，充满感染力。在设计导读课《青铜葵花》时，我们就可以出示精彩片段："太阳照着大河，水面上有无数的金点闪着光芒。这些光芒，随着水波的起伏。忽生忽灭。两岸的芦苇，随着天空云朵的移动。一会儿被阳光普照，一会儿又被云朵的阴影遮住……"教师在配乐声中，充满感情地朗诵这段对大河的描写，学生被这美好的环境吸引，如痴如醉中就激发了学生想象青铜和葵花之间有着怎样美好故事的兴趣！

（六）以赛促趣

小学生进取心都非常强，他们乐于参加比赛，在整本书阅读中适时开展比赛活动，能够有力地促进学生整本书阅读。比如，阅读考级能培养孩子的毅力，引导孩子们有读书目标，同时锻炼学生的竞争意识，从而激发孩子多读好书的意识。阅读考级的规则设计可以随着年级的增高适当调整，初期可以看哪个同学读的书多，每读完两本书即增长一级。比如，读完两本为一级，四本为二级，以此类推，等级上升不封顶。学生每人都有一张自己的阅读考级阶梯表。

学生每读完一本书，还要在全班同学面前做读书交流或推介。有的同学刚刚介绍完一本书，大家就开始积极求借此书。学生把读过的书在全班分享后就表示阅读的这本书考级合格，就可在自己的阅读考级阶梯表中的相应位置填写书名。在阅读考级比拼中，学生为了得到更高的阅读级别，为了争当"小书虫"，再也没有了课间的跑闹，我们总能看到他们手捧爱书，静心阅读的身影……

在整本书阅读过程中，教师要当好领路人，利用自己丰富的阅读经验，学习总结各种能激发学生阅读整本书兴趣的方法，组织开展各种有意义的活动，让学生积极地进行整本书阅读，成为阅读的主人。只有这样，才能在阅读教学中实现培养学生人文精神，提高学生综合阅读能力和鉴赏水平，塑造学生健全的人格和让学生获得丰富生命感悟的教学目标，最终为学生的终生阅读打下良好的基础，让学生受用一生。

第三节
通读与感知

阅读兴趣虽然能够引导学生走进整本书，但要让学生真正理解整本书，走进整本书，还需要把一时的兴趣转化为长久的持续的自主探究阅读，引导学生走进通读与感知的阶段。这一阶段的目的就是要帮助学生完成整本书的整体通读与初步感知，培养学生自主通读整本书的能力，对整本书中的主要内容做到心中有数，为今后进一步研读与鉴赏奠定基础。

一、通读与感知的概念

什么是通读与感知？就是帮助学生完整地阅读完一本书，对全本书有一个大致的了解。其目的在于通过通读与感知，基本把握一本书的内容，挖掘发现重点信息，为日后研读打下基础。通读与感知指导同样要遵循"学生自主阅读为主，教师指导为辅"的原则，让学生能够在自然、不被过度打扰的状态下完整阅读一本书。

在通读与感知阶段，教师可以通过多种多样的形式，创设精彩的活动来帮助学生顺利读完一本书。通读与感知是学生积累整本书阅读方法与阅读经验的阶段，一般而言，学生在开始接触整本书时，会习惯性地运用平时学到的单篇阅读的方式方法，对每一篇文章都进行细致的赏析。其实这样的阅读方式并不可取，不仅导致学生阅读速度减缓、阅读进程停滞不前，长此以往，还容易使学生阅读整本书的战线变得拖沓冗长，大大挫伤学生的阅读兴趣，对今后开展整本书阅读造成伤害。因此，指导学生掌握适宜的阅读整本书通读与感知的方法与策略，帮助学生顺利完成通读与感知，初步把握文章的整体内容和脉络，是这一阶段整本书阅读教学内容组织、安排的重点。

二、通读与感知的步骤

通读就是从头到尾以较快的速度把整本书读一遍。通读重在了解一本书的全貌，以求获得一个完整的印象，取得"鸟瞰全书"的效果。在通读时，遇到一些看不懂或不理解的地方，可以暂时放一放，待精读时逐步解决，更不要在单个词语或句上浪费太多时间，把阅读的重点放在通读整本书，了解每章的主要内容及章与章之间的相互联系，尽快在脑海里留下一幅整本书的总体"图案"。通读以略读、浏览为主，这样便于提高阅读速度。通读是感知整本书，以了解整本书的整体结构及学科知识体系的大致脉络为目的，是对整本书初步的感性认识。通读宜采取从头至尾以较快的速度阅读书籍的方法，可分为以下四个步骤来完成。

第一步：阅读整本书的目录，了解整本书的整体结构。

整本书目录是作者编写的总提纲，这些纲目通过作者有序地组织安排，形成整本书的整体轮廓。目录所列章节的标题后都注有各章节的页码，通过阅读目录不仅可以了解各章节的起讫、页数，而且还可以帮助了解各章节的主要内容及它们之间的关系，对今后阅读正文有一定的指导意义。

第二步：阅读整本书的前言后记，了解作者的背景事项。

序言、前言和后记，一般是说明编写整本书的宗旨和经过，或介绍与评论整本书内容的简短文章,特别是再版、修订版前言中的某些内容,对通读与感知整本书很有指导意义。

第三步:通读整本书,了解每章的主要内容。

每章的主要内容及章与章之间的相互联系经过通读,在脑海里留下了一幅总体"图案"。但对一些难以阅读的内容,也应适当放慢速度,对一些暂时看不懂或不理解的概念、公式等,可以暂时放一放,待今后精读时逐步解决。

第四步:注重思考和标注,提高阅读的效果。

通读以感受为主,辅以适当的思考和标记,可以把感受提高到最佳境界。通读分为两种,一种方法是超前思考法,即在阅读之前,先根据标题估猜一下可能讲解内容,然后通读全章;另一种方法是章末回顾法,即读完一章后快速回顾所讲解的主要内容,接着再阅读下一章。通读过程的标注,主要是在整本书上做记号、写体会感受、写疑惑问题,以便在精读时注意到这些问题。

三、通读与感知指导方案

教师对学生进行整本书阅读方法的指导是十分必要的。训练学生熟练掌握多种阅读方法的目的就在于,让学生能够在自主阅读整本书时灵活选用适宜的方式,提高阅读速度并迅速把握全书概要。教师还可以设计多种多样的阅读活动,激发学生的阅读兴趣,顺利完成整本书的通读与感知。同时,教师应当注意,整本书阅读的重点仍然是促进学生的"读",因此在教学中要避免过度施教、过度指导,以教师讲解取代学生的自主阅读,既剥夺了学生的阅读权利,也不利于学生整本书阅读能力的提升。所以,教师适时指导与学生沉浸式阅读相结合更有利于学生整本书阅读习惯的养成,更有利于较好地完成通读与感知环节。教师要为学生的自主阅读制订一个指导方案，我们通常会分成三个层次，一是对阅读习惯养成比较好的学生，我们可以提供一个自主阅读规划表。二是对尚且没有养成良好阅读习惯的学生，我们可以设定一些理解、领悟性的任务。比如读六年级上册"快乐读书吧"推荐的《童年》，先给学生导读任务单指导他们完整地读一遍：请学生每天阅读不少于30分钟，并且保证5000字的阅读量，争取在一个星期内完成整本书的阅读。完成阅读任务后，引导学生搜索观看相关影视作品，加深对作品的认识。三是介于两者之间的阶段性任务，教师可以给学生一个学习任务，让他们阅读《童年》中的几个章节，帮助他们建立其中的关联。

学生阅读整本书，不一定非得一字一句从头读到尾，因为他们集中注意力的时间有限，先睹为快的愿望强烈，比较常见的情况可能是，先看开头，然后翻遍全书，急于寻找自己最想知道的内容。熟悉理解学生这种阅读心理的教师此时可以因势利导，帮助他们一次又一次走进同一个文本，每次都会"发现新大陆"，每次都能获得新的阅读动力。在此说明的是，学生的每次通读与感知都应该不被打扰，测试、分享、交流一定要在阅读完整本书之后进行。除了阅读题，能够引领或支撑学生完成通读与感知的活动丰富多彩，教师还要努力探索、不断尝试设计新颖的活动，让学生感到新鲜，以致有兴味、有继续阅读的欲望。这个阶段的活动设计旨在引领或支撑学生完成"通读"，针对不同阅读习惯和阅读能力的学生，我们还可以借鉴吴欣歆教授推荐的三种指导方案。

（一）阅读计划辅助

对于阅读习惯良好，阅读能力较强的学生，教师可以指导他们根据自己的阅读速度制订读完一本书的完整计划表，每天完成阅读任务后简单记录阅读心得。逐步实现自主制订阅读计划，记录阅读的时间、阅读的进程，以及各个阅读阶段的感受。阅读计划，是对整本书阅读某一特定阶段的愿景，是顺利完成整本书阅读全面的、长远的计划，是对整本书阅读的设计方案，是对整本书阅读的有力保障。阅读计划要在整本书阅读的"周期—阶段—课时"的过程中进行。首先，在整本书阅读中规划出少则数周、多则数月的阅读周期，在周期内达成总体阅读目标。然后，将阅读周期分解成若干循序渐进的阶段，将总目标细化、分解，在每阶段完成一个相对完整而又前后衔接的"小目标"。如此，才能保障整本书阅读的各项工作落实到位。

表4-5所示为《城南旧事》阅读计划。

表4-5 《城南旧事》阅读计划

周一	阅读《惠安馆》第一、第二节 P1～P21
周二	阅读《惠安馆》第三、第四节 P22～P47
周三	阅读《惠安馆》第五节 P48～P53 完成自我测评
周四	阅读《我们看海去》P56～P79
周五	完成《我们看海去》自我测评
周六	《惠安馆》读后感、制作"秀贞"的人物名片
周日	《我们看海去》读后感、给兰姨娘或德先叔画像
周一	阅读《兰姨娘》P82～P99
周二	完成《兰姨娘》自我测评
周三	阅读《驴打滚儿》P102～P115
周四	完成《驴打滚儿》自我测评
周五	阅读《爸爸的花儿落了，我也不再是小孩子》P118～126 完成自我测评
周六	阅读《东阳童年骆驼队》《家住书坊边》《老北京的生活》
周日	《林海音是谁》

例如，《城南旧事》阅读指导计划中，第一、第二周快速通读全书：教师与学生共同制订好前两周每一天的读书计划，让学

生们有序地、保质保量地完成每天的读书目标。按照平均每天阅读3500～6000字的速度制定目标，每读完一篇，完成相应的自我测评，测评阅读效果，依次往下进行。《城南旧事》中的文章篇幅都不长，可以按照自己的兴趣灵活阅读，但总体的阅读时间控制在两周内为宜。第三、第四周专题研究：在通读全书的基础上，探讨两个专题。专题一：发现细节中的童心。林海音在写此书时，离开北京——她的第二故乡已近10年，年近半百的她早已不是书中的"小英子"，那个天真活泼的少女，而是一位雍容华贵的妇人。但林海音仍然站在儿童的视角书写乡愁，她借助"小英子"那双童真的眼睛来描绘故乡中人的真实生活，故乡的一草一木。阅读全书，寻找细节，感受其中的童真、童趣、童心。专题二：品味细节中的"京味儿"。坊桥上围着"大话匣子"乘凉的大人小孩儿，新帝子胡同里的酸枣面儿、山楂片、珠串子，这些"老城元素"给文章增添了浓浓的北京风味。还有随处可见的儿化音的使用，就像小英子的父母常常说"北京话"，有点儿蹩脚又有点儿搞笑，正是老北京人特别的语音、幽默的语调，这些都构成了记忆中独有的北京城。阅读全书，寻找细节，发现老北京的民俗民风，品味细节中的"京味儿"。

（二）阅读任务督促

对于阅读习惯养成阶段的学生，建议教师设计完整的通读指导任务，帮助学生顺次完成整本书阅读。例如，《三国演义》的通读任务可以这样设定：按照《三国演义》的内容顺序设置任务，每个任务都有明确的阅读能力发展指向，如品读人物描写，梳理人物性格，聚焦经典情节和重要人物；可以设置通过情节的概括梳理，熟悉主要人物和重要情节的关系；也可以设置围绕中心内容整合信息，比如结合事件、诗文分析评价人物，结合原文对原著人物和情节发表个人见解、分享自己的见解；还可以设置在比较阅读中评价人物，结合原著诗文理解和评价人物等。由于任务设计指向明确，而且活动的形式鲜活新颖，所以学生既可以在任务的驱动下完成阅读，又可以在读完某部分之后借助阅读任务自我评价阅读状况，而且阅读质量可以得到保证和提升。

（三）阅读活动引领

对于阅读能力较弱、阅读习惯不良的学生，顺次完成阅读任务具有一定难度，甚至可能增加心理负担。此时，教师就可以组织阅读活动引领学生进行阅读，帮助学生在活动中整体梳理文本，获得对阅读整本书相对完整的印象。

教师指导学生读完整本书决不能只靠督促和考察，而是依托丰富多彩的阅读活动，当然，学生必须通读全书才能完成活动，不同的活动引领学生用不同的方式通读全书，有时浏览，有时跳读，有时需要局部精读，有时需要前后勾连。阅读活动中隐含着阅读策略，学生在活动中自然应用阅读策略，在阅读活动的引领下，学生在书中多走上几个来回，每次都像走迷宫，每次走进新鲜的文本，都有新的阅读发现，产生新的阅读体验，形成新的阅读成果。

如阅读《童年》，教师可以设计以下阅读活动：

（1）指导出书中的主要人物清单，写出他们的姓名、年龄、身份。

（2）指导情节曲线图，在重要节点上标注关键事件。

（3）指导人物关系，完成人物关系图，标注清楚人物间的关系。

（4）对比阅读《草房子》，想一想同样表达童年苦难的两部作品，他们在叙述描写童年的相同点、不同点，并且简单写一写你对童年中"苦难"与"成长"理解。

简言之，通读指导的关键在于通读，而非指导，指导的目的在于帮助学生完成通读。

在第三学段,教师还可以把整本书的阅读活动按照阅读时间规划进行通盘考虑设计,然后交由学生自主完成。在阅读活动的引领下,学生逐渐掌握阅读、思考、记录、交流相结合的学习方式,阅读的效果也一步一步地显现了出来。

第四节
研读与欣赏

学生产生了阅读兴趣后,很快就能完成整本书的通读与感知。为了帮助学生学会"在阅读中学习",教师还要引导他们深度阅读整本书,促进他们的思维碰撞,激发出个性化的阅读体验。抓住学生在通读与感知时产生的问题,推进整本书的研读与欣赏。

一、研读与欣赏的概念

所谓研读,是指深入、细致地读,指钻研阅读,也就是平时我们说的精读,即要认真读、反复读,逐字逐句,深入钻研。这和宋代理学家朱熹所说的"熟读而精思"表达的是一个意思,一个人对重要的语句和章节表达的思想内容,还需要做到透彻的理解,细读多思,反复琢磨,务求明白透彻,了解于心,以便汲取精华。只有精心研读,细细咀嚼,文章的"微言精义"才能"愈挖愈出,愈研愈精"。

所谓欣赏,是指通过阅读欣赏优秀作品、品味语言艺术而体验丰富情感、激发审美想象、感受思想魅力,并逐渐学会运用口头和书面语言表现美和创造美,形成自觉的审美意识和审美能力，养成高雅的审美情趣和高尚的品位。

研读与欣赏阶段旨在推进学生对整本书的深度研读，在自主阅读与合作、交流与探究中，引导学生逐步具备初步鉴赏的能力。这一阶段教学内容的组织实施，需要教师在对学生所阅读的整本书有充分的认识与理解的基础上，准确挖掘该书的内涵与价值。同时，对学生的阅读水平有一个比较正确的预估，了解和判断学生在阅读时遇到的困惑和现有理解水平与整本书深层内涵之间的差距，从而才能有针对性地选择指导方法，帮助学生顺利理解整本书的内涵，掌握整本书阅读的策略，形成自己初步的整本书鉴赏体系。在具体的整本书阅读教学实施中，教师可以利用小专题的形式，引导学生对某一问题进行交流与讨论，引导学生在与整本书、教师及同学的互动交流中，加深对整本书深层内涵的理解，从而进一步认识其价值。王荣生先生也认为，阅读理解的最高层次就是能够将自己的生活经验代入其中，从而对所读内容有自己的深刻理解，形成自己独特的阅读体验。所以，教师要积极帮助学生建立其生活经验与阅读内容之间的联系，当学生生活经验不足时，教师要及时加以提示与补充。研读常常采用以下方法：疑读、评读、展读。扎实做好研读环节才能真正有实效，才能帮助学生提炼出高于原书内容的新思想、新观点。

二、开展研读与欣赏

（一）研读活动

在研读活动开展之前，我们必须明确以下几个问题：

1. 明确是否需要研读这本书

当学生拿起手中的书，准备研读之前，需要先明确——为什么需要读这本书。有的人觉得这本书大家都说很好，不读是我的损失；有的人觉得这本书是经典，不读显得很没追求。实际上，这样的人根本不明白自己的真正的阅读和学习目的，稀里糊涂地拿起一本书，最终只能够稀里糊涂地读完。

我们认为，读一本书唯一的理由，应当是解决自己心中的问题——了解某个思想、提高对艺术的认识、学习一些心理学知识以提高对人的洞察力、只有当你明确了自己的问题，确定自己找到了一本好书，才能开始你的研读。

2. 明确研读可以使用的工具

（1）问题导向。"心中有一个问题，看书就和查字典一样。"在阅读一本书之前，学生需要先在你的读书笔记的第一页写下以下内容：

①这本书要解决的核心问题是什么？

②通过读这本书，我需要解决的几个核心问题；

③这本书最重要的几个核心概念——名词+释义。

除了自己思考，还可以通过以下渠道来完善这张问题清单：别人的读书笔记、书评、朋友介绍……

（2）记录笔记。使用记录笔记，需要准备以下工具：

① A4 活页本——方便管理笔记；

②黑色、蓝色、红色笔各一支——黑色用于书写主要内容，蓝色用于板块之间的连接，红色用于标注重点。

一份笔记流只应当由以下几个部分构成：短语、短句、线条、简单几何图形、箭头。

一边阅读一边写下记录笔记，能够帮助学生不断地厘清思路。需要引用原文，直接在笔记上标注页码，比如 P63。如果笔记不涉及大量的数字或者公式，P 字完全可以省略掉，直接写页码数字就行了。为了更便于查找，还可以在需要的那一部分旁边写下一些数字，如果需要 63 页的某一部分，就可以在该部分旁边标注一个"1"，在笔记流上引用的时候，可以写 63-1。

当然，如果学生正在看的书不适合用笔记进行归纳，你可以直接对某些段落进行层节式的标注。比如：成功—因素—运气—数据证据。

（3）非体系化。用笔记流做笔记容易陷入一个误区——那就是一定要用这些记录笔记搭建一个框架，然后把自己需要记录的所有内容全部整理到这个体系当中。这样靠生拉硬拽建立的知识体系，对学生的阅读和学习有百害而无一利。

刚开始阅读一个领域的书本的时候，能够归纳的就归纳，不能够归纳的，可以通过关键词+页码的形式记录在读书笔记问题清单的背面。

注意，非体系化并不是不重视知识网络的构建，当你了解得足够深的时候，应当安排时间来对看过的书进行整理，构建自己的知识网络。

（4）标注与最终期限。

标注：遇到特别难的，看不懂的地方，如果当时不能解决，可以用荧光贴标注；然后集中时间对这些问题进行处理。如果学生准备多次阅读这本书，可以把这些问题放到下次来解决。

最终期限：为自己的阅读设计一个明确的截止时间。这需要学生对自己的阅读速度有一定的自我认知，如果可以支配的阅读时间比较少，那么可以将这个时间设置得稍长，但一定要在十天以内。

用这两个工具能在一个较短的时间周期内帮助学生完成对一本书的初步阅读。

（5）给系统阅读者的建议。当你系统地阅读某一个领域的书时，不妨同时阅读一些其他书籍。一方面，这样能缓解学生长时间学习某一科目的疲劳感；另一方面，这或许也能为解决书中的问题提供一些灵感。

3. 实操建议（仅供参考）

（1）第一次读。写下自己的问题清单，做一些笔记流，标注出自己不明白的地方。读完全书后，集中时间把自己的问题解决。知乎、百度、得到、简书，这些平台都可以利用。当然，也可以读完一个部分后就去尝试这一部分的问题。

（2）再读。读之前，先把第一次的笔记流复习一遍，找到自己的遗漏。在翻阅的过程当中，可以略过比较熟悉的部分，集中精力解决自己的问题。

（3）重复步骤（2）。

（二）欣赏活动

1. 美文诵读欣赏

法国艺术家罗丹曾说过："世界上不是缺少美，而是缺少发现。"的确如此，在整本书阅读教学中也是这个道理。你想让学生学会审美，最为重要的一步，就是教会学生解读美的含义，尤其是语言的美，只有领悟了语言的美，才能感受语言文字的魅力，进而感受文学作品的魅力。在教学中可尝试让学生阅读经典的文学作品，引导学生在文字的海洋里尽情享受，感受作者创作出的美词佳句与作者无尽的思绪，自然而然，美会从心底流出。

2. 语言品读欣赏

要想让学生更好地赏析文学作品，我们需要从以下两个方面入手：一方面是情感投入。要让学生沉入文章内，字字斟酌，体验作者通过这些文字表达出来的强烈情感，从而引起学生的共鸣。另一方面是在情感体验的基础上加入理性思考。虽然经过第一步之后，学生能够深刻体会作者所要表达的情感，但这种情感需要辩证地去看待，在理解作者情感的基础上，客观地、理性地对其进行思考与分析。

学生在赏析整本书的过程中，最能够体会语言的魅力，而这也是在无形中培养了学生的审美，学习语言文字运用的好机会。以诗歌教学为例，学生在品读时，可以从其结构、押韵及节奏等方面感受诗歌的美丽。再比如散文，散文的美重在形散而神不散，经过作者文字的雕琢，作品时而呈现出磅礴大气的意象，时而刻画出依山傍水的山水意境，给人以无限向往的空间。这些语言本身具有的艺术魅力，学生只有在品读的过程中才能收获，在有意与无意中升华学生的言语情趣。

3. 心灵共鸣欣赏

如何让学生与作者产生共鸣，产生思想碰撞？建议教师设置精短导读环节，尤其是在整本书的导读或者主题单元教学伊始，设置这一环节，才能产生最佳效果。还可以在选文后面设置一个简短的阅读提示，其主要目的是引导学生与作者对话，搭建与学生产生心灵共鸣的梯子。阅读感悟则侧重于引导学生在理解的基础上，对文中优美的形象、深刻的意蕴、丰富的情感及用词造句、语言节奏、情调特色等进行欣赏，或引导学生对作品中文学形象的多元化思考，对文本空白进行补充想象，对文本进行续编或者再创造。

4. 分层阅读欣赏

在阅读整本书的实际活动中，学生之间是存在阅读欣赏能力差异的，因此我们要充分尊重学生的个体差异和自我发展需求，针对学生的阅读欣赏水平，为不同类别的学生进行分层指导、分层评价，真正做到阅读欣赏课堂教学有的放矢，箭箭射中靶心，力争让每个学生都有展示自己阅读情况、交流经验心得的机会。

5. 作品成果欣赏

作品成果欣赏，可以不局限于课堂教学，可以开展各项阅读欣赏活动，努力丰富学生自身阅读体验，展示学生阅读成果。展示形式可以多种多样，如剧本表演、诵读比赛、读书笔记展览、作品赏析会、读书征文比赛等。让学生最大限度地展现自己的阅读成果水平，提高他们作品欣赏的能力。

总之，作品成果欣赏是学生对整本书进行的再创造，是他们结合自身的感知、想象、体验、理解和评价等开展的活动。欣赏的目的在于感悟整本书蕴含的个性化的深层意义，领会整本书的社会价值和审美价值，也可以说是教给学生赏析的方法，帮助点亮学生的智慧阅读之灯，开启他们的智慧阅读之门。

第五节
分享与交流

"读"与"思"应该成为整本书阅读环节的核心，因此教师应该让学生将阅读感知进行交流分享。积极开展成果展示课，教师与学生共同阅读后，在展示课上围绕话题进行探究，深化个性化感悟；组织读书会，利用课后时间或自习时间，让学生交流阅读环节的问题与体验。通过交流让学生认识到阅读对自身逻辑思维与情感意识提升的作用；开展阅读工作坊。何为阅读工作坊？其本质是包含情境设置、小组协作、深度探讨和意义剖析的实践活动方案。此时，教师应该与学生积极参与其中，通过师生助力整本书阅读，最终体现协作、感悟及阅读探究的价值。每读完一本书，我们可做的事情有很多，教师要鼓励引导学生尽情展示自己的想象力和创造力，将自己的阅读成果做成实在的"文化产品"。学生是"用大脑阅读，不是用眼睛"，是要不断连接自己的生活经验，"建构他们自己的意义"。每一个学生都如此不同，每一个学生眼里都有一个"哈姆雷特"，因此他们阅读一本书的意义自然不同，这就是分享的必要性。《学记》有言："独学而无友,则孤陋而寡闻。"这是从反面教诲我们,读书治学要善于互相交流、共同进步。

一、分享与交流的样态

"分享与交流"课就是把个人的阅读收获、阅读一本书的意义变成集体的、丰富多彩的阅读智慧。

分享与交流主要以三种形式呈现。

第一种是以口头形式呈现(与口语交际课整合,如好书我推荐、讲我与书的故事),或就书中的观点开展即兴发言或展开辩论,还可以讲"亲子共读"故事等。

第二种是以书面形式呈现,如批注、读后感、缩写/梗概、简单的研究报告、手抄报、海报等。尤其是以书面形式呈现的阅读成果,我们要更加珍视。比如,每一次展览结束,教师都要将作品收集起来,并指导学生撰写"序言",集结装订成册,形成校本教材,陈列在学校图书馆,成为优质"图书"资源。这些资源,可供学弟学妹阅读,从而增强学生的成就感,更为值得重视的是,随着时间的沉淀,久而久之,这些资源将凝练、沉淀为学校文化。

第三种是以综合活动的形式呈现。比如,校园读书节、我们都来演一演等。《大头儿子和小头爸爸》的作者郑春华在"儿童文学与小学语文教学"主题研讨会上,介绍她到某小学体验生活时发现该学校英语教学非常生动,学生的作业是在"读书节"中:你作为小记者采访书中的人物;改编一下故事情节;向同学或家长推荐这本书;给书重新配插图;如果你什么也不想做,就打扮成书中的一个人物来参加读书节活动吧!在这里介绍,就是想说这个英语作业同样适合语文整本书阅读。

分享与交流是学生在整本书阅读后进行自我梳理、自我总结、自我展示的环节,也是整本书阅读指导的最后一步,这一步是经过了对整本书的通读、重点研读之后又一次质的飞跃，目的是帮助学生再次回顾整本书，以期加深对书籍内涵与价值的理解，同时也为学生阅整本书阅读活动后的成果提供一个交流与展示的载体与平台。

二、分享与交流的指导

在分享与交流环节，教师的指导作用非常重要。可以体现在创设交流环境的方面，也可以体现在展示环节。该环节教师创设的活动可以不拘泥于读书会，可以不拘泥于表演会，也可以不拘泥于展示会，无论采用哪种形式进行成果分享，都是为了学生今后整本书阅读活动的继续推进。

比如，学生在阅读完《小王子》整本书之后，可以绘制一份"小王子心路历程图"，将小王子的成长轨迹与人生经验以手抄报的形式展示出来；在读完《中国民间故事》后，可以对故事进行改编，向同学、老师、家长讲述改编后的故事，既体现了自己对故事的独特理解，又锻炼了写作能力，读写结合更有利于语文综合能力的提升；学生还可以将精彩的故事情节以话剧的形式表演出来，一个个经典故事被学生们声情并茂地表演出来，学生通过阅读将作品中的语言文字转化为声音、面貌、形体、姿态的综合形式，进一步体现了学生自己对作品的理解，展示了他们阅读的成果。

另外，整本书阅读交流分享课中，教师要做课堂的参与者，凸显"分享与交流"的主题。除了学生交流，师生交流也是课堂的重要组成部分。要注意指导学生用规范的语言回答问题、概括方法的指导、欣赏作品的角度等，这些都是重要的语文学习方法。例如，《安徒生童话》交流课中有这样的问题：你最喜欢这本书的哪个故事？请说明理由。

除此之外，还可以建议学生将自己整本书阅读的感悟与经验进行归纳总结，既可以是读书方法的总结，也可以是整本书阅读策略的相互交流，还可以是分享自己在整本书阅读中的不足之处等，真正达到学生在交流经验与不足的过程中取长补短、相互促进。教师组织成果分享与交流活动，不仅是为了展示，更多的还是为了让学生体会读整本书的乐趣，用心感受自己在经历了整本书的熏陶后，在语言、审美、思维、文化等多个方面的变化，以期达到激励他们进一步徜徉在整本书阅读的广阔天地中，不断提高自己的语文核心素养。

第六节
个性化阅读指导

"一千个读者就有一千个哈姆雷特"，是新课程阅读教学经常引用的一句名言。学生的个性化阅读，就是参与阅读的学生有多少就有多少个哈姆雷特，这众多哈姆雷特中的每个哈姆雷特都是个性化的。著名作家曹文轩也说过："个性是阅读的关键，是阅读能否获得最大利益的根本。"

如何引领学生读整本书，如何解决学生在整本书阅读中呈现出的零散、无序和随意的状态，一时众说纷纭，莫衷一是。但有一点大家都认可的就是新课标提出的"阅读是学生的个性化行为，不应以教师的分析来代替学生的阅读实践"。

整本书阅读教学周期长，学习挑战大，个性化程度高，教师必须在完成以上导读、推进、研究、分享课型研究的基础上，研究学生在整本书阅读过程当中的学习表现，有针对性地做好对学生整本书阅读的个性化指导。

这些个性化的指导方案只有一小部分会发生在课堂上，大多数还需要教师在课下通过单独谈话的方式完成。好的教育一定是富有感召力的。在个性化指导研究过程当中，教师的倾听比讲解更重要，学生向教师陈述自己在整本书阅读过程当中的问题，就是理清自己思绪的过程，有时候学生自己说完了，教师甚至都不需要回答，他自己就明白了。在整本书阅读过程当中，遇到的问题所在还有一部分同学，他们甚至不是来向老师求解的，他们只是来诉说的，他们渴望得到教师的肯定。因而在整本书阅读过程当中不同个性学生的实际需要就是对他们做出个性化指导。

整本书阅读个性化阅读指导的研究关键在教师的引导。学生的阅读水平和能力毕竟是有限的这就离不开教师恰当的引导，由于当下文化背景的多元化，文本本身内涵的丰富性，同样一篇文章，不同的阅读主体从不同的阅读角度入手，会得出不同的结论，获得不同的感悟。教师要根据课程目标，针对学生个体，为学生创设个性化阅读的最佳平台，激活他们的思维并拨正他们的思维航向，关注文本表达的言语形式和正确对待误读，引导学生形成富有个性而又正确健康的解读，使他们走进文本，读出自我，让他们在自主解读中享受阅读的无穷乐趣和创造性思维所带来的美妙体验，有效地提高学生的个性化阅读能力，提高教育教学效果。我们期望他们走进精彩文本读出个性自我；

我们期望他们在个性阅读中享受无穷乐趣；

我们更期盼他们在个性阅读中体验创造性思维所带来的美妙！

唯有这样，才能有效地提高学生的个性化阅读能力，提高教育教学效果，达到整本书阅读教学之目的。

以上整本书阅读过程的六个指导方案，是我们开展整本书阅读指导的节点，也是整本书阅读过程的节点，是一个阅读者应有的心理和行为。全过程的阅读指导不一定每一个方案都涉及到，我们可以根据整本书的特点、学生的阅读实际灵活运用。我们研究整本书指导方案的目的在于帮助学生学会阅读，做一个真正的阅读者，努力过着读书人该过的生活，成为读书人的样子。

第五章
整本书阅读课型模式研究

课型模式是指在一定教学思想指导下建立起来的比较稳定的教学活动环节和活动程序。乔伊斯和韦尔等在《教学模式》一书中认为,"教学模式是构成课程和作业、选择教材、提示教师活动的一种范式或计划"。无论哪一种课型教学模式,都突出了教学活动各要素之间的内部关系,并且具有较强的操作性。通过对整本书阅读课型的研究,可以帮助教师更好地掌握整本书阅读的各种类型课在教学目的、教学环节、教学方法等方面的规律,从而提高教师进行教学设计、实施和评价教学的能力。现代教学理论认为,教学过程结构是课型分类研究的主要依据之一,特定的课型必然有其特定的教学过程结构。模式研究并不是整本书阅读之目的,关键是在模式研究当中提高整本书阅读的效率,为教师开展整本书阅读提供可操作的课型模式。关于整本书阅读课型模式的研究,也是本书重点介绍的内容。

叶圣陶先生指出:"读整本的书,不仅可以练习精读、速读,有利于养成好的读书习惯;还可以进行各种文学知识与文体阅读的训练;学生阅读的心理会更加专一,阅读效果也会更好。有'一石多鸟'之效。"

由此可见,引导学生阅读整本书,有利于学生语文核心素养的提高;教师做好整本书阅读课型模式的研究,有利于指导学生完成对整本书阅读的不同阶段的学习任务。不同的教学目的和方式则需要设计专门的阅读课型来应对。为便于理解,本章将整本书阅读的课型模式研究归纳为四种课型,分别是阅读前的导读课、阅读中的推进课、阅读中的研究欣赏课、阅读后的交流分享课。

第一节
整本书阅读前的导读课

导读课型主要适用于学生初读一本书之时。一整本书,洋洋洒洒几十万字甚至更多,内容庞杂、主题多元,而且不少经典书籍因为年代久远,作者与现代的学生生活经历不同,导致很多学生对很多整本书都感到很陌生。

一、整本书阅读导读课的目标

导读课就是在学生开始阅读一本书之前老师教授的引导课。教师就像一名导游,学生犹如在书中旅行,导读课使学生对即将开始的阅读旅程饱含期待,充满兴趣。

在这个课型中,教师的主要工作就是研究学情,迅速将学生现有的生活经验和观念结构与整本书中的部分内容建立关联,和学生一起学习相关的知识和背景材料,尽快帮助学生建立相应的阅读视野。

导读课的目标是向学生介绍整本书,通过开展多样化的阅读活动触动学生的阅读兴奋点,从而激发学生的阅读兴趣、阅读悬念和期待,同时要教给他们一些基本阅读的工具和方法,尽快实现更深层次的阅读,并为后面的课程打好基础。

二、整本书阅读导读课的内容

如何消除与经典的隔膜，导读课应该"导"什么？导读课主要围绕4个方面展开：

一是导兴趣。"学习的最大动力，是对学习材料的兴趣。"教师可以通过采用影视片段欣赏、精彩情节赏析、作者故事介绍、个性化评价或者好书推荐等活动激发学生的阅读期待。

二是导计划。"凡事预则立，不预则废。"整本书往往篇幅较长、内容较多、情节复杂，如果教师在教学过程伊始直接让学生进行整本书阅读，对于一些学习意识相对薄弱的学生，容易使学生在还未开始阅读前就产生退缩心理。这就需要教师制订合理的阅读计划，同时进行督促，做出相应评价，促使整本书阅读变得更加系统化，消除学生的畏难心理，从而高质量地完成整本书阅读学习任务。

三是导方法。"授人以鱼，不如授人以渔。"书籍浩如烟海，教师做不到手把手教学生读每一本书，但能提供给学生可借鉴的方法指导。导读课应重视书名、封面、目录、序言和后记在整本书阅读中的作用，指导学生认识不同类型图书的特点和价值，并根据自身实际确定阅读目的。

四是导语言。"一篇美好的言辞并不能抹杀一件坏的行为。"在整本书阅读中，精彩的语言比比皆是，引导他们在读整本书的同时，品味语言的隽美，体会文本语言中具有个性的地方，感受作者的行文风格，进而学会去关注和欣赏美好的语言。

三、整本书阅读导读课的策略

整本书阅读伊始的导读课，教师应以最短的时间、最精炼的语言、最简洁的方式，快速烘托阅读气氛、激发阅读兴趣，促使学生恨不得马上拿起书，兴致勃勃地翻开，静静地享受阅读，如此将整个身心全部沉浸在阅读之中，文化的韵味有了，语言的感觉有了，学习的状态也有了。

（一）激发学生阅读整本书导读课兴趣策略

1. 创设丰富的阅读环境，拉近学生与书籍的距离

良好的阅读环境对读书来说非常重要。在一个良好的阅读环境中，人们的读书兴趣就会得到激发，读书习惯会得到培养，读书方法会得到提高，读书质量也会大幅提升。因为学生在学校学习的时间长，若能在学生活动最密集的地方开设图书角、读书吧，让书籍遍布在校园每一个学生可以阅读的地方，那么学生主动阅读的概率就会大大增加。让无声的环境变成有声的语言，让空白的墙壁变成学生的阅读材料。禹城市泺清河小学在2018年建校伊始依据课标和学生需要充实学校图书馆，以本学段要求阅读的儿童经典阅读书籍为内容，把学校墙壁设计成经典阅读图书宣传栏，充分利用学校阅览室和班级图书银行开展各种形式的阅读活动。我们始终坚信：没有书籍的班级是没有鲜活灵魂的。班内图书银行的书籍来源是学校和学生从家中带来的图书。学校积极创设丰富的阅读环境，为开展经典阅读拉近学生与书籍的距离。

2. 利用音像资料，激发学生阅读原著的兴趣

当今社会大众传媒快速发展，越来越多的经典著作被改编成电视剧、电影、动画作品等，这为激发小学高年级学生的整本书阅读兴趣注入了新的活力。语言文字化作一幕幕鲜活的艺术形象，在演员、音乐与动画交互中呈现出故事情节的生动曲折，影视资源以其独特的艺术形式向学生展现经典名著，快速吸引了学生的眼球。比如，动画电影《小王子》根据原著，再经过艺术加工，以生动的画面向孩子们展现了同龄人"小王子"的成长与探寻的经历，尤其是电影中小王子的独特感悟更能激起孩子们去书中寻找小王子的踪迹,通过动画电影成功激起学生阅读整本书的兴趣。

3. 借用与书籍相关的内容,增强学生阅读的好奇心

在导读课环节,教师可以为学生介绍书籍的相关信息,如作者的创作背景、书籍的封面、书中插图及书评等,尽快使学生从多个侧面了解书籍;可以选取书中的精彩片段,或以朗读的方式、或以语言欣赏的形式,让学生直接感受书籍的语言魅力;还可以选取书中具有悬念的片段,在书中的矛盾冲突处戛然而止,让学生对后续的情节发展产生浓厚的兴趣。在导读课上,老师要做的就是设置足够的悬念,运用猜读的阅读方法,充分调动学生的阅读兴趣,同时在导读的时候就考虑以整本书的主题为孩子们的阅读做好铺垫。时刻牢记:有目的的阅读总比漫无目的的读效果要好得多。在引导学生选择一本适宜的书籍时,教师是学生学习的榜样,一个喜爱阅读的教师周身都会散发着书香底蕴,学生在教师的示范下自然而然地接近书籍,因此教师自身要有能力选择优秀的、经典的书籍,作为一名小学语文教师,更应该主动贴近学生的世界,选择经典的儿童文学作品,帮助学生由单篇阅读过渡到整本书阅读。耳濡目染是引导学生阅读最直接的方式,也是最有效的方式之一。此外,引导学生选择整本书还可以从教材单篇延伸到整本书,让单篇回归于原著,自然而然地让学生接近整本书。在班级阅读讨论时,还可以让学生畅所欲言,分享自己喜爱的书籍,并互相推荐给自己的好朋友。引导学生选择整本书既要充分尊重学生的阅读兴趣,也要适时引领,作出示范。整本书阅读是一个长期性的工作,需要教师引领学生充分发挥主动性,并且耐心地读下去。

4. 利用示范朗读,将阅读进行下去

艾登·钱伯斯在阅读循环圈理论的"阅读"环节中加入"听

故事"这一形式活动,值得借鉴。艾登·钱伯斯告诉我们,朗读作为学生从声音世界走向文字世界的有效途径之一,能够使学生对文字产生亲近感,培养学生对文字的敏感度,激发学生的阅读兴趣与阅读期待。教师应该怎么示范朗读,促使学生将阅读进行下去呢?我们的做法是:可以一周抽出一至两节语文课,或是利用中午抽出10分钟的时间进行朗读,一边朗读一边与学生讨论故事,当然也要提示书名、作者等学生容易忽视的内容。在示范朗读时,教师应该选择故事性与趣味性较强、人物形象鲜明的精彩片段,同时注意朗读的技巧,努力将学生引上阅读道路,将阅读进行到底。

(二)指导学生阅读整本书导读课方法策略

1. 仔细观察封面,猜测书中的内容

由于书籍封面的插图往往能反映书中的一些内容,所以我们可以让学生根据封面上的插图展开想象,猜一猜书中的内容,说一说自己的阅读期待,以此激发他们的阅读兴趣,引导学生继续去发现封面更多的信息。

2. 速读书之目录,精选章节激趣

每读一本书前看一看目录很重要,目的是让学生在没有深入阅读前就对这本书的框架有个大致的了解。例如,《波谱先生和企鹅》这本书的目录,很多章节都是以四个字命名的,而且很有趣,如"企鹅游街""愁云惨雾"等,老师在出示目录后让学生观察并选择他们最感兴趣的章节阅读。然后教给孩子们运用"猜测"这一阅读策略,让孩子们情不自禁地猜想、表达。事实证明,猜测对于孩子们来说太重要了。这种能力不仅能让阅读变得有效,更能让阅读变得有趣。怎样在40分钟的时间内将书籍推荐给孩子们阅读?最关键的就是要解决"书籍是什么,导什么,怎么导"三个问题。

（三）设计整本书阅读导读课教学内容策略

1. 设计整本书阅读导读任务单的原则

设计整本书阅读导读任务单要遵循指导性、趣味性、积累性和迁移性等原则。

指导性就是围绕整本书内容的梳理与理解，教师通过设置阅读任务、核心问题、讨论项目等推动学生对整本书的阅读。导读任务单的设计可以从整本书的内容框架入手，也可以从书中的章节内容入手，还可以从书中的不同人物、事件冲突入手。无论哪种方式，最终目的都是引导学生读下去。

趣味性就是不能让导读任务单成为学生阅读之旅的负担，教师要设法使任务单有趣，成为激发他们阅读整本书兴趣的助推剂，而不是拦路虎、绊脚石，具体做法有：或让学生针对阅读内容完成表格，或让学生针对阅读内容画出思维导图，或让学生针对所读内容完成一份读书小报等。

积累性就是帮助学生在阅读中完成对字面信息的提取和对隐含资源的发掘。教师在设计导读任务单时，不仅要引导学生注重积累简单的字词等，更应该指导学生将整本书中隐含的学习资源提取出来，比如可以在任务单中设置任务，要求学生在阅读中注意精彩语段的积累，还可以设置猜一猜词语、句子在文中的隐含意义，还可以深入挖掘文中有趣的俗语、谚语等语言知识。

迁移性是指教师围绕整本书的内容或写作特色引导学生进行读写结合的写作训练，将读书所得尽快运用于习作之中。导读任务单的设计有多种形式，诸如写读后感、故事续写、学做改写、人物评价等。

2. 设计整本书阅读导读任务单的任务

设计整本书阅读导读任务单的目的是紧紧围绕学生所读的书籍，预设具有目标指向的阅读计划和思考性话题，从而引导学生在阅读的过程中循序渐进、扎扎实实，不断提升学生的阅读品质。导读任务单主要承载的任务有：一是激发学生对整本书的阅读兴趣；二是有助于规划整本书的阅读进度，明确阅读要求；三是帮助学生整体感受全书的内容和线索，引导让他们用猜读、跳读、略读的方式在快速阅读中对自己的阅读喜好做出判断和选择。同时，借助可视化的思维导图则是对整本书形成整体感知的有效方式。比如，画"人物图谱"可以帮助学生降低内容的难度；还有以时间为轴画"情节图谱"，可以让小说内容一目了然；还可以借助几个图示和同学说一说故事梗概。所有这些导读任务单的设计，均有利于学生转换语言，形成结构化思维。

以六年级上册"快乐读书吧"推荐的《童年》一书为例，导读课任务单的任务如下所述。

（1）每天阅读时间不少于30分钟，保证5000字的阅读量，争取在一个星期内完成整本书的阅读。完成阅读后，可以观看《童年》影视作品。

（2）根据封面、目录和评论，选择自己感兴趣的部分精读，其他部分可以跳读或速读。

（3）阅读小妙招提示：可以画图谱，厘清人物关系；可以整理情节，了解小说大意；还可以借助图示，说清小说梗概。

（四）设计整本书阅读导读课教学环节策略

根据整本书阅读导读课的教学内容与教学策略，设计导读课的基本教学环节如下，即"激趣导入—介绍作品—自主阅读并制订阅读计划"。

激趣导入环的节目的是尽快引起学生的注意，激起学生的阅读期待；然后抓住学生的好奇心与兴趣，进入下一环节。介绍作品环节主要是由教师带领学生了解作者，阅读整本书的书脊、封面、目录、序言、书评等部分，尽快帮助学生初步了解和感知作品的内容与整本书的基本构造，以此唤醒学生对整本书的原始热情与好奇，也指导学生从"头"阅读，逐步形成良好有序的阅读习惯。随后满足学生阅读的欲求，安排自由阅读与教师朗读时间。最后，教师根据学生在一定时间内的阅读数量，引导学生自主制定阅读计划表，培养学生自主规划与调控的能力。

（五）实施整本书阅读导读课路径策略

在整本书阅读导读课教学中，采用多途径导读，运用策略是关键。导读课的目的主要是尽快把新书推荐给学生，促使学生产生阅读欲望，同时教会学生阅读的方法、指导学生运用这些方法进行阅读。教师可通过多路径设置导读悬念，激发学生的阅读兴趣，使学生形成阅读期待。主要路径策略有：

①利用整本书的封面、封底路径导读；

②从作者和相关书评路径导读；

③根据书籍的目录、标题路径导读；

④利用精美的插图路径导读；

⑤利用书中的特点鲜明的人物形象段路径导读；

⑥利用书中的精彩故事片段路径导读等。

四、整本书阅读导读课案例及分析

整本书阅读《西顿动物故事》导读课教学设计

《西顿动物故事》简介：

《西顿动物故事》是 2020 年山东画报出版社出版的图书，是"中文分级阅读"文库 k5 中的一本。《西顿动物故事》是著名的一部短篇动物小说集，也是深受人们喜爱的描写自然界动物的故事集；本书中的动物充满灵性——可爱小兔豁豁耳不断练习生存本领，最终成为田野的主人；威严的狼王洛波勇敢、智慧，为自己和同伴与敌人斗智斗勇；狐狸妈妈对抗人类的捕杀，誓死为自己和孩子争取自由和尊严……波澜起伏的生命故事,带领孩子感受生命的尊严和价值!

作者简介:

西顿,加拿大作家、画家和博物学家。其作品一直是世界动物小说中的经典,被称为"动物文学之父"。代表作有《西顿动物故事》。

蒲隆,原名李登科,著名翻译家。其翻译出版英美文学近30种,其中包括索尔·贝娄的《洪堡的礼物》、弗吉尼亚·伍尔夫的《岁月》、劳伦斯·斯特恩的《项狄传》等。

教学目标:

(1)激发学生的阅读兴趣,培养学生的阅读习惯和思考。

(2)在片段中引导学生想象、创造。

教学过程:

1. 轻松谈话,导入新课

(1)谈话导入书名

①同学们,在你的印象中都读过哪些最触动你心灵的故事?请你说明理由。

②那有关动物故事的内容你读过吗?说来听听。

③(出示书的封面)今天我们就来读一读这本书——《西顿动物故事》。

(2)介绍作者和故事

①(出示西顿的图片)我们来看看他和他写的动物故事吧。

西顿:加拿大著名野生动物画家、博物学家、作家、探险家、环境保护主义者、印第安文化的积极传播者。

西顿有两种身份——画家和作家,但这两种身份都围绕着相同的主题——动物。他从小就热爱大自然,悉心观察、研究大自然里的飞禽走兽。

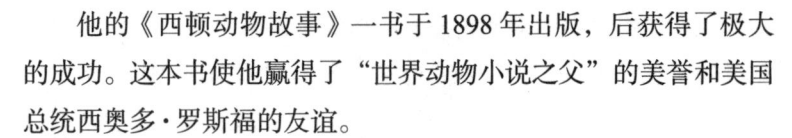

他的《西顿动物故事》一书于1898年出版，后获得了极大的成功。这本书使他赢得了"世界动物小说之父"的美誉和美国总统西奥多·罗斯福的友谊。

②那么，什么是动物故事呢？

简言之，动物故事就是以动物为主人公的传奇故事。其主要特点是故事中的主要形象是动物，各种被人格化了的动物；在这些被人格化的动物形象身上，同时具有动物本身的特点；动物故事在表现动物生活习性时，曲折地反映着现实生活中人的心理。

2. 精彩导航，激发阅读情趣

同学们，今天就让我们一起走进《西顿动物故事》。先来看看第一个故事——《喀伦泡之王老暴》，灰狼的大头领老暴吧。

出示片段（1）

"老暴，墨西哥人又管他叫大王，是一群出色的灰狼的大头领。

"这个狼群在喀伦泡河谷残杀洗劫已经多年了。所有的牧人和牧场工人对老暴都非常熟悉，而且，不管他带着他那忠实的帮凶出现在哪儿，牛羊都要吓得失魂落魄，牛羊的主人也只能干生气而无可奈何。

"在狼群中间，老暴身材高大强壮无比，狡诈也毫不逊色。他在夜晚的叫声老少皆知，所以很容易同他的伙伴的声音区分开来。

"一只普通的狼，哪怕在牧人的营地周围叫上半夜，充其量也不过是秋风过耳。

"但是，当大王低沉的嗥叫声回荡在山谷里的时候，看守人就要提心吊胆，惶惶不安，眼巴巴地挨到天亮，看看羊群又遭受了什么严重的祸害。"

师：同学们，从这一段中你知道了什么？说来听听。

师：你想象中的老暴是怎样的形象？说来听听。

师：那为什么老暴是领头王，他有什么本领呢？请看下一段。

出示片段（2）

"老暴远远地蹲在一个土岗子上，……将她狠狠地摔在地上。

"这次打击真有迅雷不及掩耳之势，小母牛两只后腿都被甩到空中去了。"

师：从这个片段中你体会到了什么？请朗读有关描写老暴动作的句子。

出示片段（3）

"在牧人中间，对这只大狼的恐惧心理逐年加剧，悬赏他脑袋的赏金也逐年提高，到最后竟达到一千美金，这肯定是一笔前所未有的捕狼赏金，就是悬赏捉人，许多都达不到这个数目。

……

"第二年，出现了另外两个猎手，下定决心要拿到这笔赏金。他们俩都深信自己能把这只威名远扬的狼消灭掉……"

出示片段（4）

"所以当一个也在喀伦泡做牧场主的朋友要我去新墨西哥，试试看我能不能对付一下这帮劫掠成性的狼的时候，我就接受了他的邀请……"

师：请同学们猜一猜，这些猎人成功了吗？他们会用哪些办法呢？谁来说一说？（猜测环节）

3. 悬念丛生，再激发阅读欲望

师：西顿在这本书中写道："野生动物没有一个是老死的。它的一生迟早都有一种悲惨的结局。问题只是它能和它的'敌人'对抗多久。"

出示片段：

"第二天天亮的时候,他还是以他平静地休息姿势趴在那里,不过,他的魂儿已经走了——老狼王死了。

"我把他脖子上的铁链取了下来,一个牛仔帮我把他抬到安放'白姐'尸体的小屋里。当我们把他放在她身旁时,那个牛仔大声说:'嗨,你不是要找她吗?现在你们俩又到一起了。'"

师:这中间到底发生了什么呢?老狼王到底是怎么死的呢?"白姐"又是谁?她和老狼王之间有什么故事呢?请同学们翻开这本书,看一看这些动物故事吧。

(出示目录)

目录如下:

喀伦泡之王老暴

银斑,一只乌鸦的故事

豁豁耳,一只白尾兔的故事

宾果,我家狗的故事

泉原狐

遛蹄的野马

巫利,一只野狗的故事

红毛领,顿谷里的一只松鸡的故事

白驯鹿传奇

4. 名人评价,激发阅读欲望

师:同学们,这是一本让老师心生悲痛却又丢不下的书。我们来看看大作家曹文轩是怎么评价这本书的吧!

"读过这本书后,也许有人会说它们的悲剧气氛太浓了,但是我想说,这种'悲剧性快感'正是当今儿童文学中缺少的重要元素。"

5. 开启《西顿动物故事》阅读

同学们,这一个个动人的故事一定能撩动你的心弦,就让我在书中等待你们，一起来体验生命的可贵吧！

导读，给学生一种读书的姿态
——整本书阅读《西顿动物故事》导读课教学设计点评

人类无疑是一切动物中最善于展示各种姿态的动物。体育场、舞台、服装模特的T型台，这一切的场所，都是人类展示自己身体及姿态的地方。我觉得其实读书也是一种优雅的姿态。难道我们开展的整本书阅读不是在培养学生这种优雅的姿态吗？还有比读书更值得赞美的姿态吗？这节导读课的目的在于"给学生一种读书的姿态"。

1. 教学目标明确

这节导读课的教学目标十分简练、精准。作为第一学段的整本书阅读导读课的设计无需多么烦琐，只要目的简单，行动简单，直达教学目的地即可。

（1）激发学生的读书兴趣，培养学生的阅读习惯和思考。

（2）在片段中引导学生想象、创造。

2. 导入春雨润物

从封面、书名谈话等内容自然导入，介绍作者及动物小说的概念，然后用环环相扣、层层递进的问题串起精彩片段，在看似不经意的聊天中，拉近了书与学生的距离，也拉近了自己与学生的距离。孩子们在教师的讲述中，便对这本书产生了兴趣：想要一睹为快，了解这本书的情节。"说来听听"是艾登·钱伯斯——英国当代儿童文学大师倡导的一种方式，一种策略，更是一种姿态，一种理念。该案例的"说来听听"环节深受此影响。

3. 过程环环相扣

首先，紧紧围绕精彩导读中两个问题开展教学，简单明了。

（1）你想象中的老暴是怎样的形象？为什么老暴是领头王，

他有什么本领呢？请同学们猜一猜，这些猎人成功了吗？他们会用哪些办法呢？

（2）这中间到底发生了什么呢？老狼王到底是怎么死的呢？"白姐"又是谁？她和老狼王之间有什么故事？

最后，出示目录及他人对这本书的评价。从这个环节的设计中，我们是否可以认真地想一想，我们的整本书教学到底要教孩子什么？尤其是这样的导读课，告诉孩子一些，留下一些，吊足孩子的胃口，就是对他们阅读兴趣最大程度的激发。

整本书导读课没有固定的流程，方法有很多种。如果时间比较宽裕的话，可以从图片猜测导入精彩片段，还可以赏析语言。比如精彩片段大声朗读之后，问学生作者在这段话中写出了它的什么特点，是怎么写的，等等。

整本书阅读《苹果树上的外婆》导读课教学设计

《苹果树上的外婆》简介：

《苹果树上的外婆》主要讲述了安迪与两位祖母的故事。本书问世以来已经成为公认的德语儿童文学经典作品，直到现在仍在不断再版，它是世界各国孩子们都爱读的故事。

作者简介：

米拉·洛贝儿童文学作家。她曾经两次获得国际安徒生奖，并多次获得奥地利国家和地区儿童与青少年文学奖项。在奥地利，甚至设有以她的名字命名的"米拉·洛贝儿童与青少年文学奖"。

教学目标：

（1）通过导读课的设计，引导学生对故事的内容有一定的初步了解，激起学生阅读整本书的欲望。

（2）在教学中同时渗透读书方法，引导让学生静心进入故事阅读。

（3）激发兴趣，产生阅读期待，享受读书的快乐。

教学重点：

激起学生阅读整本书的兴趣。

教学难点：

渗透一些读书方法，让学生静心进入故事阅读。

教学过程：

1. 外婆话题，导入书名

（1）"外婆"是个温馨的字眼。一提到外婆，我就想到小时候外婆抱着我，一边摇着，一边教我唱儿歌的情景。你呢？瞧！外婆对我们多好呀，有个外婆真幸福！

（2）今天我们去认识一个小男孩，他的名字叫安迪。（出示关于安迪的语言）

有时，他不得不一大早就开始琢磨起这件事来。

比如今天吧，他在砂锅农学的路上碰见他的朋友格哈德，安迪问："你今天下午来找我玩吗？我们一起在苹果树上搭一个凉棚好吗？"

格哈德说："今天下午我不能来，我和我外婆要去坐旋转木马。"

安迪感到内心深处有一种轻微的刺痛。他想象得出来格哈德是怎样坐在一匹木马上来回转圈的，他外婆又是怎样站在下面向他招手的。

安迪的第二个朋友叫罗伯特，课间休息时，安迪问："你今天下午到我家来玩吗？我们可以在苹果树上……"

"今天下午我们家有客人来！"罗伯特打断了安迪的话，"我奶奶从美国到这儿来了，她一定会给我带来满满一箱子玩具。"

（3）你看到了一个怎样的安迪？（伤心，很烦恼等）知道因为什么吗?

（4）可是很奇怪，突然有一天，一件奇特的事情发生了。你们知道发生了什么事情吗？外婆坐到了他的身边。看，这位外婆来了。

说说你看到了一个怎样的外婆？和你平时见到的外婆一样吗？

你可以送给外婆一个词语吗？

（5）这是怎么一回事呢？这就是老师今天给你们推荐的一本书,《苹果树上的外婆》。

（板书书名：《苹果树上的外婆》。）

2. 观察封面、目录、想象内容

（1）看封面，介绍这本书的作者、绘画者、翻译及获奖情况。

作者：米拉·洛贝（MiraLobe）是奥地利了不起的儿童文学作家，她的作品很多次获得国际大奖。

绘图者：祖西·魏格尔

翻译：张桂贞

出版社：新蕾出版社

奖牌：对呀！封面上有一个金闪闪的奖牌，这是国际大奖的奖牌。凡是有这个奖牌的书啊，肯定特别有意思，很多小朋友一拿起来就会舍不得放下，想一口气把它看完，连吃饭睡觉都不想去呢！看来,《苹果树上的外婆》这本书肯定是一本非常好看的书。它已经被翻译成26种不同国家的版本了。历经40多年，它受到各国孩子们的喜爱。

翻开封面的内侧，简单了解故事的主要内容。

查看目录，做整体了解。

（2）读了目录后，我们知道了，这本书主要讲的是哪几个人?那我们先来看看写安迪与外婆的这四章。从第一章的目录里,我们知道安迪有了外婆。那安迪有了外婆后,外婆带安迪去干什么了呢?

3. 预测及联结,认识安迪

(1)猜一猜安迪到底有多伤心?

几乎所有的孩子都有外婆或奶奶,可是安迪没有,这让他很伤心……

想象(出示):

此时此刻,安迪感到……

此时此刻,安迪仿佛看到………

此时此刻,安迪情不自禁地……

小结:你们都很懂安迪的心!没有外婆,安迪觉得好伤心,好寂寞呀!

(2)猜测安迪是如何拥有他朝思暮想的外婆的?

4. 预测故事,认识外婆

可是有一天,安迪和往常一样坐在苹果树上想着心事,突然,外婆从天而降,坐到了他的身边。(出示图片)

(1)说说你看到了一个怎样的外婆。(出示文中描写外婆的句子)

"外婆看上去很幽默。她头戴一顶用羽毛装饰的帽子,帽下露出白色的小弯鬈发,一张逗乐的笑脸,胳臂上挎着一个大绣花装饰的帽子。她穿的是一件旧式长裙,裙边下露出镶着白色花边的裤子。"

(2)安迪的外婆和你平时见到的外婆一样吗?

你可以送给外婆一个词语吗?(幽默、慈祥、另类、特别、与众不同等)

这个外婆和我们的外婆多不一样呀,老师也送外婆一个词语

"另类"。

咦，安迪本来没有外婆，后来怎么就突然有了个这么另类的外婆了呢？安迪用一本书讲了他的故事，这本书的名字是《苹果树上的外婆》。

（3）外婆在穿着打扮上就这么另类了，那外婆会不会有更另类的举动呢？外婆会带安迪去做什么呢？我们一起随安迪去玩玩好吗？

5. 观察插图，阅读片段

（1）安迪有了外婆后，外婆会带安迪去干什么呢？你预测的依据是什么？（出示插图安迪与外婆去游艺场，猜测故事）

你们都有很多奇思妙想，你们的预测和作者写的一样吗？

我们一起随安迪去看看吧！

（2）老师读，你们呢，一边听，一边看文字。

（出示片段，教师读，学生听，听后交流）

你仿佛看到了一个怎样的外婆？你觉得哪些地方有趣？

他们在游艺场下了车，一路轻松愉快地溜达着。……他们继续在那些棚子中间闲逛，琢磨着下一步该玩什么。

（3）阅读片段，指导读书方法。交流读书方法，指导阅读"游艺场"片段，感受有趣、有意思的阅读内容；学生自主阅读"套马"片段，小组交流后再全班交流，感受惊险、刺激的套马情景。

6. 阅读插图，激发阅读期待

（1）外婆还和安迪做了什么呢？（出示插图，教师简要讲述）

（2）如果是你，跟外婆一起玩了这么多有趣的游戏，做了这么多你喜欢的事，你的心情怎样？是的，安迪也和你们一样，他也觉得特别幸福！（板书：幸福）

（3）原来孤独、寂寞的安迪最后变得这么幸福了，书中还介绍了好多故事呢！你们想知道这些故事吗？你们想知道的答案都在书里呢！

导读，指向阅读策略
——整本书阅读《苹果树上的外婆》导读课教学设计点评

《苹果树上的外婆》是一本关于童年的书，为什么这本书在儿童的世界里这么受欢迎？是因为书中有许多好词好句吗？是因为它讲了什么有意义的中心思想吗？

让孩子阅读是好事，但引导孩子阅读不能以功利为目的。一本书想让孩子从中学到什么，最该做的应该是带孩子一起去体验这本书。体验这本书给他们带来的或搞笑或激动的情绪，并利用这种情绪延伸到更多更多……

这节《苹果树上的外婆》的导读课就以这种体验式的阅读开启了跟孩子们一起的阅读，其主要特点有：

1. 重视情景体验，激发阅读期待

"阅读期待"是阅读时的一种迫切求知的心理状态，是我们语文教师引导学生进行有创意阅读的根本。本课例在上课伊始，通过话题谈话，引出安迪这个人物后，就先通过谈话设置悬念："安迪有一件很伤心、很烦恼的事。是什么事呢？"来激起学生的阅读欲望。而后的教师引读也撩动了学生的心扉。白居易说："感人心者，莫先乎情。"教师在导入时将文本中作者的情感通过我们表达出来，这样的"情"也直接激发了学生学习的兴趣。

2. 重视方法指导，享受阅读乐趣

阅读能力的培养是语文核心素养的重要组成部分，是形成诸多语文能力的基础。所谓"得法于课内"，在"初始人物，走进文本"这一环节，教师就引导学生回顾了课内的阅读方法，如抓

住关键词句，展开合理想象，走进人物内心，图文结合等，为学生即将进行的整本书阅读铺路搭桥。尤其是利用书中的插图，为学生开启阅读打开了一扇充满阅读渴望和期待的大门。

3. 重视阅读策略，开启学生真实的读书历程

课例以预测及联结认识安迪和预测故事认识外婆两个环节的设计，向学生渗透整本书阅读策略的知识。"猜测安迪是如何拥有他朝思暮想的外婆的？"预测"外婆在穿着打扮上就这么另类了，那外婆会不会有更另类的举动呢？""外婆会带安迪去做什么呢？""我们一起随安迪去玩玩好吗？"环环相扣，层层推进，为学生再现一个真实读书的历程。

设计整本书导读课，教师要"教"，更要"不教"。"教"只是做个示范，"不教"才是目的，才是我们最终的选择。本课例设计指向阅读策略，教给学生读书方法。如此"教"是为了"不教"。整本书的导读方式多种多样，这是一篇很特别的导读课设计，不落俗套，值得我们用心体会。

整本书阅读《一起长大的玩具》导读课教学设计

《一起长大的玩具》简介：

《一起长大的玩具》是一本优秀的儿童文学作品，是岁月送给孩子的珍贵礼物，是塑造孩子美好德行的宝库。孩子们玩游戏即是塑造孩子良好品质，孩子从中学会相互协作、谦让分享、讲究团队精神等。金波、徐鲁等优秀儿童文学作家的作品，话题触及人生、人性和成长等话题，以优秀的文字，带给孩子们心灵成长的力量。其中，《一起长大的玩具》（金波/著）是小学语文"快乐读书吧"推荐的阅读篇目。图书配以精美的插图和暖心的点评文字，点评文字雅洁纯正，启迪智慧，字里行间充溢着一种亲近阅读、直达文心的中正平和之气。

作者简介：

金波，著名儿童文学家、诗人，当代"抒情派童话"的代表人物，代表作有《红树林童话》《我们去看海》《盲孩子和他的影子》等。金波曾获国际安徒生奖提名、"五个一工程"奖，同时还多次获得国家图书奖、中国作家协会全国优秀儿童文学奖、宋庆龄儿童文学奖、冰心图书奖等。多篇作品入选小学教材及课外阅读材料。

编者简介：

朱永新，新教育实验发起人，全民阅读发起人。

聂震宁，曾任人民文学出版社社长，中国出版集团公司总裁，现任韬奋基金会理事长，全民阅读发起人。

教学目标：

（1）获取封面信息，了解作者。

（2）学习通过目录知页码、猜故事的阅读方法。

（3）通过玩玩具、猜故事、结合图像、片段赏析、想象画面、制订阅读计划等方法，激发学生的阅读兴趣，自主阅读喜欢的故事，分享阅读感受。

教学重难点：

（1）学习通过目录知页码猜故事的阅读方法。

（2）通过玩玩具、猜故事、结合图像、片段赏析、想象画面、制订阅读计划等方法，激发学生的阅读兴趣，自主阅读喜欢的故事，分享阅读感受。

教学设想：

讲—说—想—评

讲：讲讲自己喜爱的玩具并说出喜爱的原因。

说：说说三篇文章所记叙的内容及作者喜欢玩具的原因？

想：想想作者为什么到了成年还不能忘记儿时的这一段经

历？作者魂牵梦萦的到底是什么？

评：评评不同时代的玩具，评评不同时代的孩子。

教学过程：

1. 和学生聊聊玩具这个话题

引导学生分享自己最喜欢的玩具：告诉同学们玩具从哪儿来的，它是什么样子，介绍一下怎么玩。

2. 开启学习阅读封面

（1）你能说一下这本书的封面最吸引你的是什么吗？

（2）在封面上找一找，书中的故事都是谁写的？猜一猜"金波著"中"著"的意思是什么？（并介绍"主编"与"著"的含义）

（3）回忆学过的课文《雨点儿》《树和喜鹊》，出示金波及其作品典藏系列图书照片。

（4）你能猜一猜书中的孩子现在有多大年纪吗？你的家中有这么大年纪的老人吗？

3. 用心感受不同年代孩童的快乐

（1）要读懂金波爷爷的故事，首先要了解他小时候生活的地方。

接下来大屏幕上会出现一些信息，请你根据这些信息，在脑中快速地联想：对孩子来说，这样的地方可以做哪些好玩的事情？

第一组：一座小小的花园

第二组：枣红马打麦场

第三组：老河滩依山而建的小镇

（2）过渡：下河摸鱼捉虾、游泳戏水、放风筝、摘野果子、掏鸟窝等，这些都是那个年代的孩子的日常游戏。金波爷爷小时候生活在一个有山有水的美丽小镇，家里有个鲜花盛开的小花园，家中还有一个超级宠物——一匹能干的枣红色小马。你是不是很羡慕？

（3）了解爸爸妈妈们的童年。

①金波在《一起长大的玩具》一书中这样写道："第二天，我带着节省下来的早点钱，去买那脸谱。小贩说，钱不够的，回家再向妈妈要吧！然而，我不肯。因为我知道妈妈拿不出为我买玩具的钱。"

"不记得小时候家长给买过什么值钱的玩具。"

同学们，从这两个片段中你发现了什么？

②感知父辈童年"不花钱"。没有钱买玩具的童年是不是就没有快乐呢？其实，金波爷爷那个年代的孩子，甚至是你们爸爸妈妈小的时候，能买得起玩具的也不多。他们是用什么办法享受到不花钱的快乐呢？老师课前采访了一位小朋友的爸爸，我们一起来听听他是怎么说的吧！

③（视频展示）家长介绍自己动手制作玩具，如弹弓、竹筒枪、纸炮仗等。

（4）过渡：我们穿过时光隧道，回到四五十年前，童年的金波爷爷在那个经济落后、物质匮乏的年代，是用什么办法享受童年的快乐呢？

4. 阅读目录，学习方法

（1）阅读目录，猜故事。

①（出示第一组目录）同学们，你最感兴趣的是什么？你想知道什么？

②（出示《快乐鸡毛》的插图）猜一猜作者跟小伙伴们是怎么玩鸡毛的。

（出示儿歌：鸡毛鸡毛你看家，我到南边采梅花。一朵梅花没采了，挣了钱，给你花。你花七个我花仨。）同学们，你读懂文中小伙伴们的心意了吗？

交流明确：原来，在孩子们的眼里，鸡毛能够懂得他们的心意呢！

小伙伴们对鸡毛的挑选可是很讲究的。讲究什么呢？鸡毛又是从哪儿来的呢？请大家课后自己去书中发现吧！

（2）阅读目录的学习方法。

①（出示书中第二组目录）读一读这个目录，你认为哪些是你能猜到，写的是什么呢？哪些是难猜或不能猜到的？

②师生交流容易猜的故事。

③在一起交流哪些是难猜的。你的脑中会有哪些疑问？

④指导读书方法。

这本《一起长大的玩具》是没有拼音的，我们在阅读没有拼音的课外书时难免会遇到不认识的字，你们可以像老师一样查字典并注上拼音和字意。当然，如果觉得不会读并不影响继续阅读，你也可以猜想一下，或者跳过去继续读。

⑤在这组故事中选择一个你最想读的故事，用自己喜欢的方式读一读。

⑥交流：你猜想的对吗？猜想帮你解决疑问了吗？

⑦小结：在读之前学习目录，猜故事内容也是一种阅读方法。读完之后，猜对了很快乐，猜不对也不要灰心，因为这样做增加了新的知识，开阔了眼界。一定要记住，每次拿到新书，先不要急着读，先看看目录，选择自己感兴趣的内容猜一猜，再开启自己的阅读，这样很有意思呢！

（3）感知第三组故事的特点。

①老师在读第三组故事的时候，被其中的一个片段深深吸引，你想不想知道？（出示片段）"当我睁开眼睛的时候，哇，我看见蜗牛就站在我跟前。我现在变得和蜗牛一样大了。这次我

看清楚了，它的确像个'圆鼓鼓的大鼻头'。"

你猜这是哪一个故事里的？（出示第三组目录图）

同学们，这段文字给你什么样的感觉？

②小结：是的，这本书第三组的六个故事，每个故事里都有着奇妙而美丽的想象。在金波爷爷的儿童世界里，美丽的想象是可以实现的，在你的世界里，美丽的想象也是可以实现的哟！

5. 推荐阅读任务单，明确阅读任务

（1）同学们，从今天开始，我们就开始读《一起长大的玩具》这本书了。这次，我想请你们当小评委，评出这本书中最有趣的故事。

（2）（出示已经排好的排行榜）当你们读完整本书，完成这个排行榜后，我们再进行一个班级投票，选出我们班认为比较有趣的几个故事。

（3）当你读完整本书的时候，我还想请你们做个小小设计师，为书中写到的玩具或者游戏，设计一张充满魅力、各具特色的名片，相信你一定能完成好！

导读，指向阅读方法
——评整本书阅读教学《一起长大的玩具》导读课

《一起长大的玩具》是一个故事集，里面一共有20个小故事，分成三个部分。第一部分主要讲的是童年的玩具，共六个小故事。第二部分主要讲的是儿童对周围世界的感知，共有八个小故事，第三部分主要讲的是孩子天真的想象，共有六个故事。

金波的文字如一杯茶，看着是透明简单的，其实韵味萦绕。这几故事看起来是介绍金波儿时的玩具，文字里却流淌着金波对童年快乐的回忆，对纯真童心的追忆，对温暖亲情的怀念，对传统文化的怀想。二年级的孩子能读出这些文字，但未必能读懂，这节课要教给孩子们什么？用怎样的方法教？孩子能从交流中获得什么？本节导读课很好的处理了这些疑问。

首先，课堂的导读目标定位明确。

这节导读课结合学生学习实际情况设计了以下3个教学目标。

（1）获取封面信息，了解作者。指向学生的阅读方法。

（2）学习通过目录知页码、猜故事的阅读方法。教给学生阅读方法。

（3）通过玩玩具、猜故事、结合图像、片段赏析、想象画面、制定阅读计划等方法，激发阅读兴趣，自主阅读喜欢的故事，分享阅读感受。每一个设计都从学生的长远发展着手，为学生终身阅读奠定基础。

从教学设计中可以看出这些目标在导读教学中都得到达成。尤其是对阅读方法的指导效果明显。

其次，课堂的导读策略指向阅读方法的指导。

指导学生通过阅读目录、玩玩具、猜故事、结合图像、片段赏析、想象画面、制定阅读计划等方法，一步一步地引领学生读下去。整本书阅读过程中关注学生的高阶思维，关注学生能力的发展，教师要用两只眼睛备课文，既要关注语用又要关注方法，教给学生阅读的策略。指导低年级学生阅读要根据他们的年龄特点，引导他们根据目录检索信息和学习阅读。出示目录，让学生猜想这本书的大致内容，激发阅读期待。设计引导学生看目录展开丰富的想象，预测故事内容，然后再去读读文字，这样的阅读有新意，有变化，越读越有趣。

以上是对本节导读课的简单评析，无论是导兴趣，还是导内容，抑或是导方法，都是为了后期学生阅读习惯的养成，阅读能力的提高，希望老师们能从本节案例中受到更多启发。

第二节
整本书阅读中的推进课

整本书阅读推进课在学生读了一段时间书以后，引导学生集体交流读书收获，了解故事情节和人物特点，指导学生对书中的某项重点、难点进行研讨，以促进学生思维的深化，这是一种承前启后的课型。阅读推进课可以根据本班学生的实际需要进行安排，可以安排一节，也可以连续安排几节，在设计时一定仔细分析本班学生的阅读实际，通过交流阅读遇到的核心问题来进行。

一、整本书阅读推进课的目标

整本书阅读推进课是教师在指导学生在阅读整本书的过程中，对学生自主阅读给予帮助与鼓励，增添阅读动力，继续推动学生深入阅读的课程。一般在整本书阅读过程中开展，以学生分享和教师的阅读策略指导为主要目标。

整本书阅读推进课程的教学目标可以确定为：汇报前一阶段的阅读情况，了解学生的阅读状况，进一步激发学生的阅读兴趣；聚焦阅读过程中的核心问题和难点问题，给予学生自主阅读帮助与鼓励，增添阅读动力，切实提高阅读效率，继续推动学生深入自主阅读。本课型要在在阶段性阅读经验和体验的分享与交流的基础上，及时了解学生的阅读困境，并对学生施以有的放矢的阅读策略指导，以便帮助学生顺利开展后续阅读活动。这种课型的最终目的是推动学生的阅读走得更深、更远，保证学生的阅读激情不减，为学生下一阶段（研读阶段）的阅读起锚扬帆。

二、整本书阅读推进课的内容

根据整本书阅读推进课的目标，该课型的教学内容主要包括以下几个方面：交流阅读进度，分享阅读收获，欣赏优美片段，交流阅读方法，探讨阅读困惑，检测阅读效果，提升学生思想境界。这些内容可以在同一时间段里同时呈现，也可以每次只呈现一个或几个内容。

三、整本书阅读推进课的策略

整本书阅读就像跑马拉松比赛，需要及时地不断补充能量、不断地加油助威；又像丛林探险活动，需要教师不断修正方案、不断调整前进方向。这便是整本书阅读的推进课所具有的独特之处，尤其是高年级学生在阅读长篇名著的时候，这种特点更为明显。

根据整本书阅读推进课的教学目标与内容，我们在设计整本书阅读推进课时采取的基本策略主要有以下几种。

（一）汇报交流，检查展示

此环节可以是学生阅读后的自主交流，也可以是前期阅读内容的检查。因此，在教学过程中可以采用实物展示、口头交流、游戏闯关等多种方式。教师要及时对学生阅读中有独特之处、有深度的理解，以及有效的阅读方法进行提炼、强调，同时对阅读中遇到的问题进行及时梳理。

例如，《昆虫记》这本书，教师尝试设计了以下几种方式：

（1）"图片猜猜猜"。教学时运用动画逐步呈现大头黑步甲的图片，引导学生猜测图片上的是什么动物。若认真阅读了这本书，画面没有完全出示，学生就能猜出动物的名称。这样既检查学生是否认真阅读了这本书，又进一步激发学生继续阅读的兴趣。

（2）开展"我说你猜"的游戏。课件出示"它，法布尔找了很久 / 他们对爱情非常痴迷 / 用气味吸引异性 / 又被称作带小修士……"你们猜，这是什么动物？认真阅读的学生根据内容，能够猜出是小阔条纹蝴蝶。这样的设计同样能检测出学生前期阅读的情况。

（3）展示阅读过程。把学生的读书笔记、读后感等放在课件中展示出来，引导学生评价，激发学生持续阅读的兴趣。

（4）交流阅读收获。引导学生交流评价这一阶段的读书收获，然后进行互动评价。只要能检查出学生前期的阅读情况，采用哪种方式都可以。

（二）聚焦重难点，指导帮助

此环节的教学活动，主要针对学生遇到的困难及阅读需要进行有针对性的帮助。上海特级教师余党续曾经说过："在整本书阅读教学中，我一直主张教师要成为这本书的专家，做学生阅读的引领者与指导者，而不仅仅是个陪伴者。原因在于，只有站在了这个认识的终点，我们才有了审视和批判文本的资格。"余老师的话告诉我们：只有教师读懂了这本书，才能精心引导学生读这本书。这个环节是对教师的考验，是对教师教学水平、教学能力的考验，更是教师对整本书阅读理解的考验。

在教学过程中，可以采用以下方法激发学生的阅读兴趣。

1. 解决问题法

可以从收集阅读整本书过程中遇到的问题入手，在课堂中对最集中的问题，采取集中优势兵力的方法重点解决，对次要问题可以学生互相解决。例如，设计《水浒传》这本书的推进课时，课前先收集学生在自主阅读这本书时遇到的困难，在课堂上交流解决的办法。在课堂上，有的学生提出了"生字难读，词语难懂"的问题，通过交流，学生掌握了可以采用请教他人、查阅工具书等方法去解决；有的学生遇到了"人物众多，关系复杂"的问题，通过交流，学生知道了可以采用画思维导图的方法；大多数学生提出了"篇幅太长，效率不高"的问题，通过交流，却又没有找到办法解决。教师根据每个学生的需求，在课堂上集中解决这些问题。教师明白像这样的章回体小说目录非常明了，一看就知道写了什么，教师可以教给学生根据目录把写同一个人物的章节放在一起阅读，能够解决这个问题。本书写武松的章节有十个，引导学生试着把这些章节放在一起阅读，学生根据教师的提示去读，发现这种方式能够大大提高阅读效率。由此可见，教师只有对这本书熟稔于心，才能在课堂上根据学生阅读的出现难点或者问题，各个击破，进而激发学生持续阅读的兴趣。

2. 欣赏片段法

在课堂上，我们可以找出重要内容或者学生最喜欢的片段进行朗诵欣赏，畅谈感受，教师加以指导，激发学生进一步阅读的兴趣。

（三）章节阅读，学习方法

此环节是在整本书阅读推进课中，根据书的特点及学生的需要，选择章节引导学生课上略读或精读，在阅读中学习阅读方法，助力后续阅读。比如，引导学生精读，就要研读细节，进行透彻的理解。说得具体一点儿，读者在精读一篇文章之后，不仅要理解文字的表层含义，还要理解它的深层含义；不仅要掌握篇章结构，而且还要了解其语言特色和写作技巧，对作品内容或语言形式要有自己独到的见解或看法。这样的阅读，指向学生语文核心素养的提升。

1. 运用课内方法

例如，教学《夏洛的网》这本书时，可以引导学生运用精读课文的方法进行教学。这本书有许多有新鲜感的词语，学生非常感兴趣，但在阅读过程中又不知道是什么意思，这时就需要引导学生运用教材中学到的理解难懂词语的方法，即"联系上下文，结合生活实际，查阅工具书，请教他人……"来理解这些有新鲜感的词语，并积累这些词语。

2. 选择多种方法

不同的内容可以引导学生采用批注、概括、图像化、比较、联结等学习方法，也可采用思维导图、创意写作、情景剧编演、画、问、说等引导方法。例如，在阅读《童年》这本书时，可以把十一章《我的父亲》和十二章《母亲的再婚》一起读，把生父和继父这两个人物从"社会地位、性格特点、对妻子的态度、对孩子的态度、自己人生的结局"进行对比，衬托出阿廖沙父亲英俊、潇洒、高大、幽默、善良，爱妻子和孩子，是阿廖沙亲人中不使用暴力的正面形象。由此可见，在具体的章节阅读中，运用一定的阅读方法可以把整本书读细、读精。

我们读一本书，根据兴趣和读书目的的不同，采用的方法也不同。部编版语文教材中每一必部名著导读的后面都会附有阅读方法的指导，在教学时可以以此为抓手展开教学。我们在进行阅读方法指导时要做到有效指引，真正让学生掌握方法和策略，并且能够迁移到其他同类作品中去。

（四）监测阅读，考查成果

此环节就是监测学生在整本书阅读中的阅读效果。

1. 用好导读任务单

例如，读了《汤姆索亚历险记》可以利用"慧读者"导读任务单中的"考查慧读成果"的"我会选、我会辨、我会填、我会连、我会写"的题目，监测阅读成果。

2. 组织游戏竞赛

读了《安徒生童话故事》可以用"童话知多少，等你来挑战"的游戏形式监测学生阅读的情况。

3. 阅读片段分析

阅读某一章节,回答问题。这一环节有助于教师掌握学生前一阶段是蜻蜓点水地读,还是扎扎实实地读。教师只有掌握学生的阅读效果,才能明确下一阶段任务布置的内容和方法。

4. 激励学生持续阅读

此环节是教师针对学生的阅读实际,及时提出下一段时间的阅读任务。该教学环节设计以实现学生在课堂中的主体地位为目的,开始分享阅读感受,鼓励学生大胆发言,既可以是对人物的赞美与批评,也可以是对故事的真实性或合理性进行质疑,还可以表达对作品的喜欢或不喜欢,充分尊重学生个性化的阅读感受。同时,从学生的真实阅读感受中,寻找学生的阅读困境或疑惑点。例如,在《鲁宾逊漂流记》这本书的推进课中,引导学生阅读计划的第四站"拯救星期五",教师设计这样的导学单:"星期五"在这里不仅仅是一个日子,也是一个人的名字,他为什么叫"星期五"?想一想,他有着怎样的来历;做一做,完成这部分的目录;画一画,为这一章节设计章节回执、故事转折图或思维导图。学生们带着本节课阅读的收获,获得的阅读方法,培养的阅读能力,带着教师的阅读要求开启新一轮的阅读之旅,即"分享阅读感受—了解阅读困境—分享阅读经验—阅读策略指导"。此时,教师也不可急于介入与发表意见,应转而问询学生是否具有相同的阅读问题,是否有好的解决方式推荐。而教师的协助作用则体现在专业化、科学化的阅读策略的指导上,以个人成熟阅读经验为学生提出解决方案,推进学生持续阅读。

四、整本书阅读推进课设计应关注的五个问题

整本书阅读推进课要做好五个关注,一是关注整本书的主

题，二是关注人物的性格命运，三是关注故事的情节，四是关注书籍内容的表达，五是关注学生的阅读评价。

1. 关注整本书的主题

书的主题就是作品中通过描绘现实生活图画、塑造艺术形象显示出来的，贯穿作品始终的基本思想。例如，美国最伟大的十部儿童文学名著《夏洛的网》，该书叙述了在朱克曼家的谷仓里生活着一群动物，其中小猪威尔伯和蜘蛛夏洛建立了最真挚的友谊。这是一个善良故事，一个弱者之间相互扶持的故事，书中除了爱、友谊，还有一份对生命本身的赞美与眷恋。所以，这是一本写给孩子的书，也是一本写给大人的书。教师在整本书阅读推进时就要引导学生抓住两个主人公的重要片段，关注感悟这本书的主题。

2. 关注整本书的情节

学生对一本书的故事情节始终是比较关注的，当然作者一些独特的表达方法也会蕴含在故事情节中。对于故事情节，如果不进行交流讨论，学生往往会停留在表面的阶段，只留下模糊的印象，不能深入理解。所以，在学生读完后，教师就要引导学生对书中一些重要的故事情节进行回顾，还要适时引导学生关注写作方法，关注作者是采用什么样的写法完成这些情节叙述的。

3. 关注整本书的人物

文学类、故事类书籍都是围绕人物展开故事情节的，当然科普类作品除外。一本书读完后，教师就要引导学生对人物形象做一次梳理、提升，力争让人物形象在学生心目中变得丰满、圆润，具有立体感。具体做法有很多种，教师可以通过问题引导学生分析："这本书中有哪些人物？你最喜欢谁？说出你的理由。"通过学生汇报，梳理出文章中的主要人物。教师还可以组织学生讨论喜欢谁，从而了解学生对这本书的理解程度，看他们是如何看待

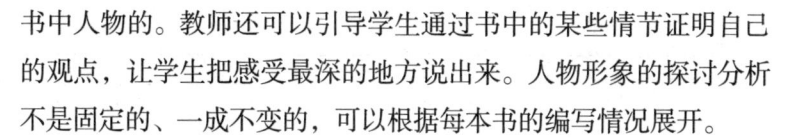

书中人物的。教师还可以引导学生通过书中的某些情节证明自己的观点,让学生把感受最深的地方说出来。人物形象的探讨分析不是固定的、一成不变的,可以根据每本书的编写情况展开。

4. 关注整本书的表达

文学作品都有其不同的表达方式,每本书也有它独特的表达方法。有的书以不同的人物故事独立成章,但是人物与人物之间又相互联系,这种联系是需要在阅读中认真甄别、用心去发现的。例如,曹文轩的《草房子》就是以人物独立的故事串联起内容丰富多彩的整本书的;又如:《亲爱的汉修先生》则是用书信和日记穿插的形式来写的。还有很多关于写作方法的介绍,在表达上有着鲜明的独特之处,需要我们在指导学生阅读的过程中及时帮助学生去发现。

5. 关注学生的阅读评价

在整本书阅读推进课程中,教师还要给予学生及时的评价,以此提升学生阅读的主动性,获得整本书阅读的成就感。阅读评价是助推学生进行阅读的工具,值得我们用心研究、精心设计。比如,可以围绕整本书读书编制评价量表,还可以制作阅读反思单,引导学生从阅读计划、阅读方法、阅读习惯等方面进行自我反思、自我改进。整本书阅读评价如表 5-2 所示。

表 5-2 整本书阅读评价表

阅读章节	阅读态度	阅读方法	阅读习惯	阅读笔记	阅读改进

续表

阅读章节	阅读态度	阅读方法	阅读习惯	阅读笔记	阅读改进

整本书阅读推进课程是学生阅读旅途上的一个"智慧驿站"，或补充能量，或更新方法，或增强期待，目的就是更好地"整装"再出发。老师推荐导读了一本书后，学生一开始兴趣很浓，但因为阅读的时间比较长，有些学生可能会逐渐失去新鲜感，逐渐陷入疲惫。也有的学生因为理解能力有限，看不懂或理解不深入，从而导致阅读的质量不高，这时就更需要老师在班级中上好阅读推进课，以推进学生更好、更深入地读好整本书。阅读推进课有利于学生对文本的阅读消化吸收，阅读方法的提炼，阅读思路的延伸，让学生的持续阅读更有方法，感受到多元思考的乐趣。

五、整本书阅读推进课案例及分析

整本书阅读《一起长大的玩具》推进课教学设计

教学目标：

（1）培养学生良好的阅读习惯，初步学习圈点批注的方法。

（2）学习品味语言，体会作者的情感。

教学重点：

培养学生良好的阅读习惯，学习圈点批注的方法。

教学难点：

品味语言情味，体会作者的情感。

教学设想：

讲：讲讲自己喜爱的玩具并说出喜爱的原因。

说：说说三篇文章记叙的内容及作者喜欢玩具的原因。

阅读提示：

（1）标上自然段序号，勾画出生字词，并利用词典或注释解决生字词，并将其抄写在预习本上。

（2）在有疑问的地方标上记号。

（3）读了片段后，你能说说作者都写了些什么吗？

（4）读书籍，找出表达"我"对儿时玩具喜爱的句子，说说我喜爱的原因。

教学过程：

（一）话题导入推进课

现在，同学们的玩具有很多东西都是具有很强的时代性的。例如，微型积木、感应飞碟、黏土工厂、动漫手办等。我们生活中还有很多这样的例子，你能举几个吗？

学生自由举例，老师适当拓展，并引导学生认识到这些东西本身具有的强烈的时代性，从而代表了他们所在的那个时代的特性。对于生活在那个时代的人而言，回忆这些东西其实就是对那段生活的怀念。

今天跟着老师再次走进金波的童年，我们一起解读他拥有的一个怎样的童年？

（二）朗读片段，落实基础

自由朗读，要求用符号在不认识的字或读不准的字旁边做记号，然后查字典正音。

抽查朗读，检查落实。例如：嘈杂、摇曳、朦胧、遐想、拽、怠慢。

示范朗读，学生做示范，读文章或段落。提示学生从读音、停顿、语气、快慢等方面来感受。

生字新词：

觊觎：希望得到或企图得到（不应该得到的东西）。文中指想得到（难以得到的东西）。

慷慨：文中是不吝惜的意思。

死乞白赖：纠缠个没完。

拂：违背；不顺从。

遐想：悠远的思索或想象。

拽：拉。

怠慢：①冷淡；②客套话，表示招待不周。文中词义取①，表示不专心，不在意。

敬畏：又敬重，又畏惧。

壳：①较坚硬的外皮，如鸡蛋壳；②更坚硬的外皮，如地壳、金蝉脱壳。

眼花缭乱：眼睛看见复杂纷繁的东西而感到迷乱。

高亢：声音高而洪亮。

嘈杂：声音杂乱、喧闹。

朦胧：月光不明；不清楚，模糊。

沉浸：浸入水中，多比喻处于某种境界或思想活动中。

（三）研读片段，推进阅读

（1）（课件出示片段）你能说说作者都写了些什么吗？

明确：

①喜欢带哨子的泥泥狗，并仔细观察泥泥狗的外形。

②抽陀螺。

③兔儿爷因温情和外观造型的童话色彩引起了"我们"浓厚的兴趣。

（2）作者为什么喜欢这三样玩具？

①喜欢玩泥泥狗，是因为它让"我"沉浸于古老的神话里，带给"我"如梦如幻的感觉。

②喜欢抽陀螺，是因为抽陀螺的感觉很刺激，又具有攻击性，还能让我们在抽汉奸的游戏中很解气。

③喜欢兔儿爷，是因为兔儿爷很温情，还由于它多了几分童话色彩，而且有着能引起我们遐想的外观造型和奇特的衣着打扮。

（3）文本探究质疑：

①作者对于这些玩具是何感情？你从什么地方看出来的？

②这些玩具给作者留下深刻印象的原因？

③作者小时候玩过的玩具应该很多，但为什么他只选择这三样？这三样玩具有什么代表性？

可引导学生深入探究文章中作者的情感态度，理解文章的主题。引导学生探究选材的问题，体会作者的匠心独具。

（四）阅读携手童心前行

（1）你小时候玩过些什么玩具？可曾亲手制作过玩具？谈谈你制作玩具时的苦与乐。

（2）你小时候玩过的玩具和金波小时候玩过的玩具有什么不同？为什么会有这些变化？引导学生由课内转向课外，并在研究中体会成长与玩具，时代与玩具的关系。

向青草更青处漫溯
——整本书阅读《一起长大的玩具》推进课教学设计点评

整本书阅读推进课的核心就是推进学生自主阅读继续深入，积极帮助学生习得阅读策略，提升整本书阅读的效率。为了更好地完成这个目标，我们在一些作品与学生的童心联系紧密之处大作文章，深刻挖掘作品中的童心，与学生的童心产生共鸣，引领学生精神成长，激发学生深入阅读。

1. 阅读推进目标清晰可达

德国著名教育家第斯多惠说过:"学生的发展水平是教学的出发点,教学必须符合受教学生的发展水平。"教学目标像是在建造大厦之前进行的圈地,在教学目标设计前,教师应该站在学生的角度,全面了解、分析学生的认知特点、个性特征、语言水平、运用能力等,紧紧围绕学生阅读的实际情况确定教学目标。

本课确定的教学目标如下:

(1)培养学生良好的阅读习惯,进一步学习圈点批注的方法。

(2)学习品味语言,体会作者的情感。

这两个教学目标,就非常符合学生实际,在阅读推进中,易于操作,便于学生形成良好的阅读习惯,促进学生深度阅读。

2. 阅读推进学生精神成长

《一起长大的玩具》是一本优秀的儿童文学作品,是岁月送给孩子的珍贵礼物。人们都说,每个大人在阅读儿童作品的时候都会变成孩子,找回童年的纯真与美好,每个孩子都能在儿童文学作品中成为故事的主人公,在欢声笑语中无忧无虑地奔跑。这节阅读推进课就闪烁着智慧的光芒,本课例引导学在品读中紧扣关键句、词段,入情入境地读,边读边想,在有感触的地方写写感受。《一起长大的玩具》推进课案例较好地体现了整本书阅读的这个核心——挖掘作品中蕴含的童心,让阅读与童心一起前行,时刻告诉自己:读书的时候也在读自己。在阅读中掌握策略,在阅读中获得精神成长。

3. 阅读推进运用策略方法

在这节推进课上,教师引导学生运用学到的阅读方法和策略,解决阅读中遇到的疑难问题,使学生的阅读更有效。教师注重激发兴趣与传授方法,以阅读精彩片段、渗透阅读策略、总结阅读方法等方面，带领孩子走进奇妙的儿童文学作品，大大地激发了学生的阅读整本书的欲望，拉近了学生与书本的距离。案例设计在学生已经阅读的基础上，为了继续推进学生在解读文本时有自己独特的体验和感受，引导学生学会结合作者的经历去理解作者的情感，采取了以下环节的教学。

通过师生共同研读片段，推进学生对文本的阅读，走进金波的童年，体会金波童年的欢乐。通过设计"你小时候玩过些什么玩具？可曾亲手制作过玩具？谈谈你制作玩具时的苦与乐"教学环节，引导学生将阅读与生活联系在一起，将阅读携手童心前行。我们在引领学生阅读这类作品的时候，更应该倾听孩子们心灵的声音。

这节推进课不仅陪伴着学生走近阅读的一扇窗，更重要的是引导他们勇敢地走出去。因为他们的阅读世界还很小，但窗外定是明亮的远方。

引领学生向青草更青处漫溯，阅读推进课的意义也在于此。

整本书阅读《夏洛的网》推进课教学设计

内容简介：

这本书主要讲述了在朱克曼家的谷仓里住着一群小动物，其中小猪威尔伯和蜘蛛夏洛建立了真挚友谊的一个感人故事。夏洛用蜘蛛丝编织了一张美丽的大网，这网既救了威尔伯的命，也唤起了每一位读者心中无尽的温情。友谊是一棵大树，是要经住风雨慢慢长大的。人与人，贵在彼此理解。那么，让我们将心比心，以心换心吧。这本书诠释的是超越物种的伟大友谊，使我们懂得了友情不是索取，而是奉献。友情是光，它将永远存在，不但让生命更有意义，还让你拥有生存的勇气。

作者简介：

埃尔文·布鲁克斯·怀特，美国当代著名散文家、评论家，"其文风冷峻清丽，辛辣幽默，自成一格"。埃尔文·布鲁克斯·怀特生于纽约蒙特弗农，毕业于康奈尔大学。作为《纽约客》主要撰稿人的怀特一手奠定了影响深远的"《纽约客》文风"。他还为孩子们写了三本书：《斯图尔特鼠小弟》（又译《精灵鼠小弟》）、《夏洛的网》与《吹小号的天鹅》，同样成为儿童与成人共同喜爱的文学经典。

作品的主题思想：

生命的意义。夏洛在临终时对威尔伯说的那些话"……生命到底是什么啊？我们出生，我们活上一阵子，我们死去。一只蜘蛛，一生只忙着捕捉和吃苍蝇是毫无意义的，通过帮助你，也许可以提升一点我生命的价值。谁都知道活着该做一点有意义的事情"，不仅仅安抚了威尔伯，同时震撼了无数读者。夏洛的这种高尚的品质，让人感动、让人敬佩。它告诉人们：活在世上，要考虑生命的意义，要提高自身的价值；学习夏洛，乐于助人，不求回报的付出；与人相处的时候，要多为对方着想，多给予。

教学目标：

（1）初步了解小说的故事情节，感悟动物之间的友谊温情。

（2）学习交流阅读感受和方法，推进对作品主旨的理解。

（3）能抓住书中打动人心的细节，引导他们懂得爱、友谊和生命的真谛，进一步学会帮助别人，学会为别人付出，学会热爱生命，热爱生活。

教学重点：

交流阅读感受，推进对作品主旨的理解。

教学难点：

体会爱、友谊和生命的真谛。

教学过程:

1. 谈话导入

孩子们,最近咱们读了一本关于友谊的书,这本书曾风行世界五十年,发行千万册,傲居美国最伟大的十部儿童文学名著之首。大家知道这本书的名字吗?

记得有一位作家说,一个理想的世界应该只有两种人存在:一种是读过《夏洛的网》的人,另一种是将要读《夏洛的网》的人。的确,这是一本好书,一本值得我们用心去思考的书,蜘蛛夏洛与小猪威尔伯的友谊深深地打动了我们,同时让我们懂得了生命的价值。

这节课,让我们一起走进《夏洛的网》,交流内心的感动,分享阅读的快乐。

2. 梳理书中人物关系,体会朋友的内涵

俗话说:"书读百遍,其义自见。"带领学生进行整本书内容回顾,梳理这本书的主要人物,并进行人物分析。

(1)我们一起来做一组抢答题检验一下,看一看这些语言描写的是谁。同学们准备好了吗?

①为了救落脚猪,她不但勇敢地和爸爸理论并夺下了爸爸的斧头,此后她像照顾婴儿一样照顾小猪,不仅带它散步,还为小猪取了一个好听的名字。你知道她是谁吗?

②他看到屋顶上的蜘蛛,就想单脚站在猪栏的围栏上去抓他,没想到摔了下来,引爆了那枚臭蛋,此举竟意外的救了蜘蛛。他又是谁呢?

③她住在食槽底下,夜晚出来活动,白天睡觉。当别人要她做事时,她总是提很多要求,才答应。她是谁呢?

④她有八只脚,靠结网捕虫为生。可就是这样一个不起眼的生命,在关键时刻,用智慧和真诚救了小猪的命。她是谁呢?

⑤她抓住老鼠贪吃的弱点，诱惑老鼠到垃圾厂，最后又引诱老鼠到集市。她是谁呢？

（2）你怎样评价夏洛？请结合文中的片段或者一个情节来谈谈夏洛留给你最深的一个印象。

学生们众说纷纭：

从夏洛一次次给威尔伯织字中，可以体会到她很有创意，很聪明；

从夏洛给威尔伯讲故事、唱催眠曲中，可以体会到她像个小母亲一样宠爱着小威尔伯；

从夏洛对威尔伯鼓励、欣赏、安慰的语言中，可以体会到她对威尔伯很友好；

从夏洛拖着虚弱的身体去集市帮威尔伯的事件中，可以看出她很坚强；

从夏洛坚持不懈地帮助威尔伯的事情中，体会到了她坚守自己的承诺，对友谊忠诚……

"你一直是我的朋友，"夏洛回答说，"这件事本身就是一件了不起的事。我为你结网，因为我喜欢你。再说，生命到底是什么啊？我们出生，我们活上一阵子，我们死去。一只蜘蛛，一生只忙着捕捉和吃苍蝇是毫无意义的，通过帮助你，也许可以提升一点我生命的价值。谁都知道人活着该做一点有意义的事。"这是夏洛临终前的肺腑之言，也是全书的灵魂。

（3）组织讨论：在夏洛的心中，友谊是什么？生命的价值又是什么？

夏洛，一个弱小的生命，为了拯救她的朋友，创造了一次又一次的奇迹，她的忠诚、友爱、顽强、聪慧、创新，无不令人感动。

你是怎样评价威尔伯和坦普尔顿的？

夏洛的网仅仅是一张蜘蛛网吗？在生活中，你是不是也遇到过像夏洛这样的朋友，而你是否也愿意成为谁的夏洛？

同学们，不要抱怨现实中碰不到朋友，碰不到像夏洛一样真诚忠实的朋友，我们应该先扪心自问："我为别人付出了多少爱？"我们每个人都有很多的同情，很多的爱，比维持我们生存所需的多得多，我们如果能像夏洛一样把它分散给别人，那么被爱的人也将像威尔伯一样倾情回报我们。你也将惊奇地发现，生活中的夏洛将越来越多。老师愿做你们的夏洛，帮助你们健康成长。

你认为这本书的主题是什么？是朋友？是爱？是责任？还是奇迹？面对仅有的一次生命，我们该怎样创造生命中的奇迹？

3. 体会人生的真谛，感悟生命的意义

人生得三五知己乃是幸事，人的生命是有限的，生命到底是什么呢？我们一起来欣赏一段对话（P157），说说你对这段对话的体会。

"你为什么为我做这一切呢？"威尔伯问道，"我不配。我没有为你做过任何事情。"

"你一直是我的朋友，"夏洛回答说，"这事本身就是一件了不起的事。我为你结网，因为我喜欢你。再说，生命到底是什么啊？我们出生，我们活上一阵子，我们死去。一只蜘蛛，一生只忙着捕捉和吃苍蝇是毫无意义的，通过帮助你，也许可以提升一点我生命的价值。谁都知道人活着该做一点有意义的事情。"

话题一：生命是什么呢？夏洛的生命有意义吗？你能简单地说一说吗？

预设答案：生命就是通过帮助别人，提升自己生命的价值。

话题二：夏洛一共编织了几张写上字的网，分别是什么字？她为什么织这几张有文字的网？（学生从书中找出相关语段进行

品读、感悟）

总之，生命的意义不在于长短，而在于内涵。正如我国著名文学家巴金所说："生命的意义在于付出，在于给予，而不在于接受，也不在于索取。"

4. 升华主题，推进继续阅读的书目

夏洛代表了我们生活中帮助你的那些人。在生活中，谁是你的夏洛？那么，反过来，我将是谁的夏洛？结合身边的人与事说一说。

同学们，读了这本书，我真心地为大家感到高兴，因为我们又学到了推进作品主题的理解方法。

好书如挚友，陪伴着我们经历了一次深刻的心灵之旅。关于"朋友"的感悟，乃至关于诸多美丽人生的话题，都将伴随着大家一起慢慢走远。

感谢怀特带给我们的震撼和惊奇，感谢《夏洛的网》带给我们的激动和感恩，其实怀特还写了另外两部童话——《精灵鼠小弟》《吹小号的天鹅》，希望大家在课后抽时间读一读，相信它们也会给你的生命带来很多启迪。

5. 板书设计

夏洛的网
爱、友谊和生命
人生的真谛，感悟生命的意义

"生命的意义在于付出，在于给予，而不在于接受，也不在于索取。"

推进课永远在路上，因为风景在路上
——整本书阅读《夏洛的网》推进课教学设计点评

本节课是在《夏洛的网》整本书阅读接近尾声时，和学生一起上的理解全书主旨、帮助提升学生思想境界的推进课。我们深知：推进课永远在路上，因为风景在路上。

《夏洛的网》作为一部风行世界五十年的优秀儿童文学名著，为我们建构了一个温馨感人而又妙趣横生的童话故事。正如封面所说："读它吧，带着传教般的热情与虔诚，因为总有一种感动让我们泪流满面。"因此，我要把这本蕴涵着生命、爱和友谊的宝书推荐给孩子们，点燃孩子们心灵深处的一盏盏心灯，在他们人生的最早处，在书籍的浸润中，净化他们的灵魂，让他们学着去编织人世间最美丽的那个字——爱。

《语文课程标准》指出："要努力建设开放而有活力的语文课程"，"培养学生广泛的阅读兴趣，扩大阅读面，增加阅读量，提倡少做题，多读书，好读书，读好书，读整本书"。本节课主要围绕作品的思想主旨引导学生展开教学，在设计上要结合本班学生的实际，带领学生深入文本，回顾内容、总结认识、提升思想，使学生的认知与作品产生共鸣，情感得到陶冶和升华。

本节推进课的主要特点主要有：

（一）教给学生阅读作品、理解主旨的方法

叶圣陶不止一次说过："从语文教本入手，目的却在阅读种种的书。""学会运用多种阅读方法。""加强对阅读方法的指导。"

这节课从梳理作品中的人物形象到引导学生正确理解阅读本书的一些方法，让孩子们在无形中掌握阅读的方法，结合精心挑选的人物形象描写片段，引领学生进行内化吸收，再到对作品主题理解的逐步提升，由浅入深，层层推进，符合当前学生学习的特点。

首先，在上课伊始通过梳理书中人物的关系、体会朋友的内涵这一环节，教师通过竞猜语言描写的人物是谁，无形中教给了学生筛选资料、抓住人物主要特征的读书方法。

其次，转入对夏洛的评价。一句"你怎样评价夏洛？请结合文中的片段或者一个情节来谈谈夏洛留给你最深的一个印象"将这节推进课聚焦到"这本书的主题是什么？是朋友？是爱？是责任？还是奇迹？面对仅有的一次生命，我们该怎样创造生命中的奇迹？"

再次，是对人生真谛、生命意义的感悟理解环节的设计。通过两个话题引导学生对作品主题进行升华与理解。话题一：生命是什么呢？夏洛的生命有意义吗？你能简单地说说吗？话题二：夏洛一共编织了几张写上字的网，分别是什么字？她为什么织这几张有文字的网？

最后，紧密联系学生生活实际，启发学生深入思考：夏洛代表了我们生活中帮助你的那些人。在生活中，谁是你的夏洛？那么，反过来，我将是谁的夏洛？同时，推进学生继续阅读怀特的书，将课堂的影响延伸至课下的继续阅读中。

（二）提升生命价值，倡导社会主流价值观

本课例结合时代脉搏，引领学生认识一种社会主流的价值观。这是很好的一次探讨生命价值的课题。课堂那些对生命深入思考、极具启发性的语言深深地留在我们脑海中：夏洛的生命已经走到了尽头，他这样做值得吗？孩子们说得很好，"帮助别人是快乐的""友谊的网""生命的网""永不放弃的网""善良和友谊的网""生命的意义不在于长短，而在于内涵"。正是这样的情感铺垫，让孩子们说得这么棒，理解得这么深刻。

（三）推进课永远在路上

这节课例的优点还在于，不仅推进了《夏洛的网》这本书主题的深入理解，同时继续推进继续阅读怀特的书，将课堂的影响延伸至课下的继续阅读中。我们觉得这样设计阅读推进课，学生

的读书兴趣会越来越浓厚，口语表达能力和写作能力会提高得越来越明显。学生阅读能力的提升不是一蹴而就的，需要长期的阅读和扎实有效的指导。整本书阅读推进课永远在路上！

阅读推进课，不只是为了推进学生阅读一部作品，更是为了激发学生对阅读的兴趣。谨以此文与各位老师共勉。

第三节
整本书阅读中的研究课

在"双减"背景下，在有限的时间内激发学生的阅读兴趣，使其投入名著的整本书的阅读，避免碎片化阅读，需要教师做好"加减法"。其一，要做好"减法"，帮助学生摆脱阅读的困境，减少教师教学的盲目性。对于名著阅读，教师往往以练代读，学生疲于应付，或零敲碎打，或浮光掠影，很难提高效果。其二，要做好"加法"，要让整本书阅读教学工作趋于科学合理，真正让学生有兴趣投入阅读。

我们在研读阶段开设整本书阅读研究课，应当属于做"加法"，其目的是让整本书阅读工作更趋于科学合理，使读书效果最大化，因而研究课一般安排在整本书阅读结束后开展。整本书阅读研究课本质上是提升学生心智的活动，教师应围绕文本内容设计阅读活动，以实现深耕式阅读，提高学生的阅读能力。

一、整本书阅读研究课的目标

整本书阅读研究课的目标就是以整本书阅读的核心问题或活动带领学生重读整本书，居高临下地站在整体的角度，梳理整本书的内容，然后局部聚焦，整理整本书的核心问题，以局部聚焦帮助学生进一步深化认识与理解，以使整本书阅读工作更加优化，读书效果最大化。

整本书阅读研究课的缘起和由来都是由阅读需求驱动的，是源于学生阅读的需要，源于教师教育教学的需求。整本书阅读研究课不以推广某一教学理念为目的，其紧紧围绕某一教学研究问题，开展阅读研究课的设计，同时不以推广某位教师的先进经验为目的，更不以指派一两位教师上公开课来敷衍了事。整本书阅读研究课既是一种经历，又是一种体验，目的在于保护学生探究的兴趣，其研究探索始终关注过程中师生的研究体验。当然，在这个过程中，教师也面临着挑战。

二、整本书阅读研究课的内容

整本书阅读研究课教学内容的设计可以有多种研究方案。比如，可以从人物形象角度选择组织教学，还可以从故事情节角度选择组织教学，也可以从主题思想角度选择组织教学，无论哪一种，其目的都是呈现整本书的核心价值内容。

人物形象的塑造和刻画，一直都是作品的核心要素之一。多数作品会从外貌、语言、动作或心理等角度出发，将人物形象立体化。作者常常以贴近生活、性格鲜明的人物形象，为读者打开想象世界的大门，将读者引入其所搭建的故事影像中，从而引起读者的情感共鸣，使读者获得情感与审美体验。同时，作品会让读者从作品形形色色的人物中找到自己或他人的影子，给人以代入感和亲近感，或是树立一个典型，给人以模范参照或教育警示。

故事情节包括四个部分：开端、发展、高潮、结局。一般来说，故事开端经常包含着背景信息，如时间、地点、人物和环境等内容，一般来说，它们的作用是为故事的发展奠定情感、色彩基调；而故事发展阶段则是矛盾和冲突逐步演变的过程，作品经常以场面描写、环境描写和人物描写等渲染气氛，以助推作品主题进一步升华；故事高潮则通过人物之间的矛盾和冲突激化，积极体现人物的性格特征和品质；故事结尾一般为结果，以矛盾的化解或人物的成长为结束。所以，教师在进行整本书阅读教学研究实践时，可将故事发展和高潮作为重点，对其中的伏笔照应、人物表现、细节描写等部分展开教学。同时，故事情节常以人物、事物或情感为线索贯穿全文。除此之外，作者在交代故事情节时，除了按故事发生的时间顺序写作，还可能采用倒叙、插叙等方式展开叙述。因此，教师可以抓住线索和脉络，或是故事发生的时间，引导和鼓励学生梳理故事情节主线，培养学生凝练概括的能力。

著名语文特级教师钱梦龙先生指出，语文学科的人文性主要体现在对学生的人文关怀上，也就是关注向上、向善的情感态度与高尚的审美趣味的培植。这启示整本书阅读教学可以将落脚点放在作品的主题思想上，以帮助学生获得意义体验、建构生存意义并丰富思想情感，也引导学生向上、向善、向美。教师在整本书阅读教学前，也可以从语言表达入手探查作品的本质，挖掘和剖析作品的主题思想，以主题思想梳理整本书的线索与脉络，并结合学生的真实生活，给予学生情感价值的正向引导。

三、整本书阅读研究课的策略

相比于导读课与推进课，整本书阅读研究课在教学内容和教学活动的组织上更为复杂，更值得我们教师下力气去研究设计。一般情况下，教师可以采用内容重构、问题驱动、对比阅读等策略开展教学。

1. 内容重构

因为整本书的篇幅长、信息量大,其对人物的刻画或故事情节的描写常散落在不同的章节当中,这就为学生的阅读、研究带来许多困难。为形成对作品内容的整体认识和理解、为达成阅读研究课的目的,教师就需要引导学生提取作品中的关键内容和信息,勾连其中相关的内容,还要还原作品内容的完整面貌。一般来说,内容重构可以从两个方面入手:勾勒人物形象和呈现事件始末。勾勒人物形象的目的在于通过梳理不同阶段、不同处境下不同人物的言行,进一步感受丰满的人物形象,同时直观感受人物的成长脉络。而呈现事件始末的教学设计则意在厘清故事的发展顺序,进一步感受故事情节的一波三折,更好地理解与洞悉作品的内涵,更好地把握作品的主题。

2. 问题驱动

问题驱动是在分析和综合作品内容的基础上,教师设计核心问题,以驱动学生探究作品的深层含义、多角度解读作品意义,从而培养学生探究性阅读、创造性阅读和批判性阅读的能力。教师在设计研究问题或议题时,一般可以抓住三种类型的问题:一是诠释性问题,即需要学生梳理、整合并分析书中内容才能得出答案的问题;二是开放性问题,即不以唯一标准答案限制学生的个性化阅读体验与理解;三是延伸性问题,即以问题增加文本与生活之间的关联,促进学生从内容联系自我与现实生活。

3. 对比阅读

对比阅读是指通过横纵比较,加深对作品的理解与认识的阅读,其主要包括作品内的对比阅读与作品间的对比阅读。作品内的对比阅读是指,在阅读过程中前勾后连,对同一人物不同发展阶段的形象进行对比,实现对人物更为全面、立体的认识。而作

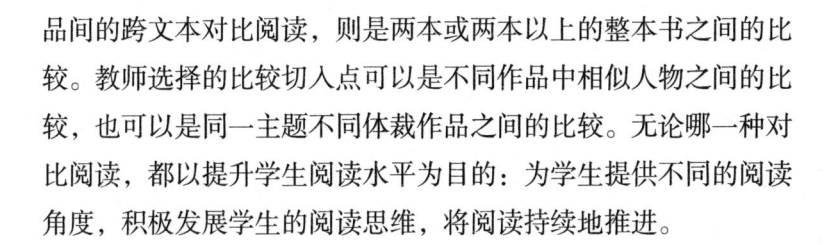

品间的跨文本对比阅读，则是两本或两本以上的整本书之间的比较。教师选择的比较切入点可以是不同作品中相似人物之间的比较，也可以是同一主题不同体裁作品之间的比较。无论哪一种对比阅读，都以提升学生阅读水平为目的：为学生提供不同的阅读角度，积极发展学生的阅读思维，将阅读持续地推进。

四、整本书阅读研究课案例及分析

整本书阅读《草房子》研究课教学设计

教学目标：

（1）学生了解《草房子》的内容，感受主要人物的特点。

（2）研究《草房子》的语言，研究文中表达的思想，研究每个人物在成长过程中经历的挫折，以及在苦难中绽放出的美。

（3）掌握阅读长篇小说的一些方法，能在自我阅读中循法而读。

教学重点：

研究《草房子》的语言特点，深入了解《草房子》中人物的特点，以及每个人物在成长过程中绽放出的绚丽夺目的美。

教学难点：

掌握阅读长篇小说的一些方法，能在自我阅读中循法而读。

教学过程：

1. 聊一聊《草房子》，渗透读书的三重境界

（1）读《草房子》有一段时间了，大家喜欢这本书吗？谁能说一说自己喜欢这本书的原因。（学生自由谈论自己读书的体验和感受）

（2）看来大家都很爱读《草房子》这本书，老师曾经和大家分享过读书有三重境界的观点。谁记得是哪三重？（指一名学生说，老师相机板书：翻书、读书、品书）

第一重：翻书，看封面，看作者，看故事简介，看序言，看目录等，了解一本书最基本的内容。

第二重：读书，被故事情节吸引，一口气将书读完，对书中的内容有大致的了解，但缺少思考。

第三重：品书，边读边思，边读边注，读出思想，读出感受，品味语言的魅力，表达精彩的阅读感想。

（3）你觉得你达到了哪一层境界？（学生谈自己读书的境界）

2. 摸底读书情况，确定研究任务

（1）先来测试一下同学们读书的情况：

①《草房子》的作者是_____，他是我国_____。这部小说写的是_____。

②这本书写了很多个性鲜明的人物。请仔细听我读，看谁能迅速判断出文字描写的是书中的哪个人物。

他用长长的好看的脖子，支撑起那么一颗光溜溜的脑袋。这颗脑袋绝无一丝瘢痕，光滑得竟然那么均匀。阳光下，这颗脑袋像打了蜡一般亮，让他的同学们无端地想起，夜里它也会亮的……（秃鹤）

他挺着瘦巴巴的胸脯，有节奏地迈着长腿，直朝人群走来。现在最吸引人的就是那顶帽子：雪白的一顶帽子，这样的白，在夏天就显得很稀罕、格外显眼；很精致的帽子，有优雅的帽舌，有细密而均匀的网眼。它就这样戴在他的头上，使得他陡增了几分俊气与光彩。（杜小康）

他的异想天开或者做出一些出人意料的古怪的行为，是一贯的。他爱鸽子爱到骨子里，为了给鸽子筑巢，他宁愿挨棍子。（桑桑）

小结：老师发现大家至少已经达到第二层境界了。不错，我们只是小学生，真正达到第三层境界并不容易。今天这节课，老师将带领大家走进第三重境界——品书。品书，边读边思，边读边注，读出思想，读出感受，品味语言的魅力，表达精彩的阅读感受。

（2）明确学习研究任务：走近人物，感悟每个人物在成长过程中经历的挫折以及在苦难中绽放的美。

3.走进主人公桑桑，感悟成长之美

（1）作者在这本书里写了很多人物，今天我们重点品读书中描写主人公桑桑的部分。说到桑桑，你的脑海中会浮现哪些事情？（指名学生谈）

（预设：把碗柜改成鸽笼，用蚊帐去捕鱼，把秃鹤的帽子抢走挂在风车上，把爸爸最珍贵的荣誉本撕了……）

（2）桑桑给我们留下的印象太深刻了，我们选择几个片段来品读。（指名学生来读）

精彩片段一（出示）：

桑桑吃完瓜，正想再回到河里去，但被突发的奇想留住了。他想：在这样的天气里，我将棉衣棉裤都穿上，人会怎样？

桑桑好像受到了一种鼓舞，拖着竹竿，在这块空地上，小疯子一样走起圆场来。

①这个片段让你看到一个怎样的桑桑，哪些字、词，或者句子给了你这样的感受？

（学生谈自己的读书感受。老师相机板书：调皮、天真、得意）

②老师觉得这段话描写得非常有意思。谁也喜欢这部分，来读一读。

精彩片段二（出示）：

桑桑就越发起劲地走动，还做出一些莫名其妙的动作来。像那回偷喝了父亲的酒之后的感觉一模一样。

①桑桑大热天身穿棉衣棉裤尽情表演,观看的人越多,他就越发起劲,我在读这些词的时候做了这样的批注。你呢?请你也把你的感受写在这段话的旁边。(学生安静地读,学习做批注)

②分享一下你的读书感受吧。(学生分享自己的读书感受)

过渡:桑桑那么调皮捣蛋,可是他却赢得了油麻地所有人及我们同学的喜爱,这又是为什么呢?读读这段话,或许你能找到答案。

精彩片段三(出示):

桑桑硬把柳柳拉到背上。他吃力地背起柳柳,沿着台阶,一级一级地爬上去。不大一会儿,冷汗就大滴大滴地从他的额上滚了下来。

柳柳用胳膊搂着哥哥的脖子,她觉得哥哥的脖子里尽是汗水,就挣扎着要下来,但桑桑紧紧地搂着她的腿不让她下来。

城墙上有那么大的风,却吹不干桑桑的汗。他把脑袋伏在城墙的空隙里,一边让自己休息,一边望着远方;太阳正在遥远的天边一点一点地往下落……

太阳终于落尽。

当桑乔和蒋一轮等老师终于在城墙顶上找到桑桑和柳柳时,桑桑几乎无力再从地上站起来了……

①读完之后找到原因了吗?你有什么样的感受?(学生自由谈论;老师相机板书:善良)

②老师在读这段话的时候,这些词让老师很有感触,老师的感触是这样的。你呢?(学生学习圈词做批注的方法,学以致用)

③桑桑的善举除了这件事还有很多,谁还可以说一说?(学生自由交流)

④多么善良的桑桑,这个调皮而又善良的桑桑快乐地成长着。可人生不总是阳光和彩虹,也会有阴霾和风暴。

精彩片段四(出示):

春天到了。一切都在成长、发达,露出生机勃勃的样子。但桑桑却瘦成了骨架。……他常常去温幼菊那儿。他觉得那个小屋对他来说,是一个最温馨的地方,他要听温幼菊那首无词歌,默默地听。他弄不明白他为什么那样喜欢听那首歌。

①面对死亡,这个仅有14岁的少年是一种怎样的态度?(学生自由谈论自己的感受,老师相机板书:勇敢)

②桑桑为了在临死前实现对妹妹的承诺而做的一切深深地触动了老师。请同学们读(出示):

桑桑硬把柳柳拉到背上。他吃力地背起柳柳,沿着台阶,一级一级地爬上去。不大一会儿,冷汗就大滴大滴地从他的额上滚了下来。

柳柳用胳膊搂着哥哥的脖子,她觉得哥哥的脖子里尽是汗水,就挣扎着要下来,但桑桑紧紧地搂着她的腿不让她下来。

城墙上有那么大的风,却吹不干桑桑的汗。他把脑袋伏在城墙的空隙里,一边让自己休息,一边望着远方;太阳正在遥远的天边一点一点地往下落……

太阳终于落尽。

当桑乔和蒋一轮等老师终于在城墙顶上找到桑桑和柳柳时,桑桑几乎无力再从地上站起来了……

①你从这些语段中又看到了一个怎样的桑桑?四人为一个小组交流一下你的读书感受。

②把你的感受写在语段的旁边。

小结:幸好命运只是和桑桑开了个很大的玩笑。桑桑的父亲桑乔寻访到了一个八十多岁的高人,他给桑桑开了奇苦无比的药方,尽管那种那苦是常人根本无法想象的,但桑桑没有一丝恐惧感,他把喝药看成了一件悲壮而优美的事情。在苦难中,桑桑慢慢地由调皮变得勇敢、坚强。

4. 归纳提升,指导阅读方法

前段时间,老师让同学们把书本中有关描写桑桑的部分择出来,很多同学不明白其中缘由,现在看看黑板上的内容,你们明白了吗?

读《草房子》这样的小说,就应该经历"翻书—读书—再进一步品书"这三种不同的阅读境界,而在品读中,我们要善于将人物的故事整合起来品读,紧扣关键句、词、段,入情入境地读,边读边想,在有感触的地方写写感受,这会让我们更能走进书中人物的内心。这样的读书方法才能让我们达到更高的读书境界。

三重境界,学生继续阅读的动力
——整本书阅读《草房子》研究课教学设计点评

曹文轩的《草房子》是一部备受人们关注的儿童小说,它给我们带来了整本书阅读的新方向。在教学中,我们不仅要指导学生在书籍中感受语言、体会内容,更要引领学生去感悟作品的内涵,引领学生去感悟童年带来的美好。即使碰到了苦难、病痛等,也要把它作为一种磨难和历练,心中时刻充满对美的无限向往。就像作者曹文轩说的那样,"美的力量绝不亚于思想的力量。一个再深刻的思想都可能变成常识,只有一个东西是永远不变的,那就是美。"确实如此,在阅读中发现美、充盈自己的思想,激励自己不断成长,永远是我们整本书阅读教学所追求的。

而《草房子》研究课,就将研究对象定位在"'翻书—读书—再进一步品书'这三种不同的阅读境界,而在品读中,我们要善于将人物的故事整合起来品读,紧扣关键句、词、段,入情入境地读,边读边想,在有感触的地方写写感受,会让我们更能走进书中人物的内心。这样的读书方法才能让我们达到更高的读书境界。"

1. 研究对象:聚集语言及其背后的思想

作为一节整本书阅读后的研究课,课例研究的对象指向非常明确:研究《草房子》的语言,研究语言后面的思想,研究每个人物在成长过程中经历的挫折以及在苦难中绽放的美。

例如,本课例中对描写桑桑的精彩片段的研究就充满了层次感。

(1)作者在这本书里写了很多人物,今天我们重点品读书中描写主人公桑桑的部分。说到桑桑,你的脑海中会浮现哪些事情?(指名学生谈)

(预设:把碗柜改成鸽笼,用蚊帐去捕鱼,把秃鹤的帽子抢走挂在风车上,把爸爸最珍贵的荣誉本撕了……)

(2)桑桑给我们留下的印象太深刻了,我们选择几个片段来品读。(指名学生来读)

①读完之后找到原因了吗?你有什么样的感受?(学生自由谈论;老师相机板书:善良)

②我在读这段话的时候,这些词让我很有感触,我的感触是这样的。你呢?(学生学习圈词做批注的方法,学以致用)

③桑桑的善举除了这件事还有很多,谁还可以说一说?(学生自由交流)

④多么善良的桑桑,这个调皮而又善良的桑桑快乐地成长着。可人生不总是阳光和彩虹,也会有阴霾和风暴。

2. 研究方法：聚焦读书的三重境界

开课伊始就以读书的三重境界引导学生进入对《草房子》的研究历程。

第一重：翻书，看封面，看作者，看故事简介，看序言，看目录等，了解一本书最基本的内容。

第二重：读书，被故事情节吸引，一口气将书读完，对书的内容有大致的了解，但缺少思考。

第三重：品书，边读边思，边读边注，读出思想，读出感受，品味语言的魅力，表达精彩的阅读感想。

然后聚焦研究对象——品书，通过一系列的精彩片段赏析，引导学生边读边思，边读边注，读出思想，读出感受。

最后引导学生学习品书方法。

每一片风景，都是一种心境。《草房子》研究课在娓娓诉说中，向学生传递着读书的方法——三重境界，这三重境界需要我们逐步深入，在研究中、在阅读中，逐渐化为学生继续阅读的动力。

整本书阅读《城南旧事》研究课教学设计

内容简介：

《城南旧事》描写的是 20 世纪 20 年代末北京城南一座四合院里一家普通人的生活，通过英子童稚的双眼对童年往事的回忆，讲述一段关于英子童年时代的故事，文章中的人物最后都离英子而去，反映了作者对童年的悲伤和对北京城南的思念。

教学目标：

（1）进一步了解作者的情况，逐步厘清小说脉络。

（2）学习研究、品析人物形象的方法，感受小说的艺术魅力。

（3）通过开展研究活动，引导学生产生情感共鸣。

教学重点：
学习研究品析人物形象的方法，感受小说的艺术魅力。
教学难点：
通过开展研究活动，让学生产生情感共鸣。
教学过程：

1. 回顾阅读经典，引出研究话题

最近我们共同读了一些书，看看是哪些书？（出示《草房子》《城南旧事》）今天我们对《城南旧事》这本书进行交流与研究。

2. 回忆读书过程，分享书籍内容

（1）（指名让学生朗读《城南旧事》的《序》）请在同学朗读后谈谈自己有何感受。

（2）指名一学生简介作者情况。

（3）出示相关题目，考考学生对本书基本内容的了解。

3. 研究品析人物方法，感受小说的艺术魅力

（1）围绕以下研究问题引导学生展开讨论。

①文中的秀贞是否是疯子？

②小偷是否真的骗了英子？

③兰姨娘有哪些变化？

④宋妈是否善良，是否是个称职的母亲？

⑤英子父亲是不是严父，是不是称职的父亲？

（2）顺势引导，研究人物形象塑造。

①文中的秀贞是否是疯子？

疯：行为疯狂。

不疯：梳头、染指甲、善良、热情、敢爱敢恨。

分析秀贞疯的原因：是世俗的世界逼疯了她，她的悲剧命运震撼人心。

②小偷是否真的骗了英子？

是：他是小偷，偷别人东西，虽不得已，但是在法律上是不允许的。

不是：情非得已，无奈之举。

分析他被称为小偷的原因。

学生朗读相关段落，体会人物内心的矛盾与纠结。

③兰姨娘有哪些变化？

出示有关兰姨娘外貌的段落，在学生读后谈感受，让学生了解她的特别。

观看林海音参加学习班的照片，让学生了解兰姨娘对她的影响。

出示饰演英子的演员沈洁的照片，让学生了解这部剧对她整个人生的影响。

④宋妈是否善良，是不是个称职的母亲？

出示、朗读相关段落，体会宋妈的善良。

了解她的个性特点（热情、爱凑热闹、受欢迎）。

了解她的儿女的悲惨命运（一个被卖，一个溺水而亡）。

宋妈的悲剧就是当时广大农村女性的真实写照，是当时时代的悲剧。想一想，这个悲剧人物对我们有什么启示？

⑤英子父亲是不是严父，是不是称职的父亲？

找出父亲给"我"留下的好习惯。（自立自强、热爱生活、爱憎分明）

结合文章理解"闯练"。

结合《林海音传》讲述父亲出世后英子是如何撑起家的。（父亲去世的第二年，英子的四妹和小弟相继去世，13岁的英子独自撑起了整个家）

4. 升华中心，形成共鸣

随着父亲的去世，英子的童年也逝去了，她的心情是怎样的？

（1）出示描述英子童年逝去时心情的段落，让学生读一读，然后交流感受。

（2）齐读《城南夜》，促使学生与林海音产生情感共鸣。

5. 拓展阅读

请同学们课后读读以下两本书，我们下周再来聊。

（1）林海音女儿夏祖丽写的《从城南走来——林海音传》。

（2）林海音写的《英子的相恋》。

6. 板书设计

城南旧事

林海音

了解文本、品析人物、升华情感

悠悠城南事，悲欢童年心！

研究，是为了更好地阅读
——整本书阅读《城南旧事》研究课教学设计点评

《城南旧事》通过英子童稚的双眼对童年往事进行回忆，讲述了林海音儿时在故乡北京经历过的记忆犹新的故事，反映了作者对童年的怀念和对北京城南的思念。这部作品由五个篇章组成：《惠安馆》《我们看海去》《兰姨娘》《驴打滚儿》及《爸爸的花儿落了》。在这五篇故事里，小英子和主要人物都有交集：在和秀贞交往中，成了最理解和同情秀贞的人，玩伴妞儿也是小英子的好朋友；偶然相遇的那位"小偷"在真诚的对话中也成了小英子的朋友；兰姨娘、宋妈、爸爸、妈妈都是小英子生命里最亲近的人。小英子的童年生活除了上学，更多的是与城南这些小人物有关，这些小人物的生活现状、生活期待都会触动小英子的心灵,小英子心底的善良因子也不断地被催生出来,使读者看到了至真至纯的人性美,为悲凉的社会现实增添了一抹暖色,也使得冷寂的生活多了人性的温度。

在《城南旧事》中,每个故事的主角都有自己的性格特征,同时他们又都是心地善良、苦命、爱孩子的人。英子在与他们的一次次"离别"中,永别了实际的童年,获得了真正的成长。这些鲜活又富有个性的人物不仅影响着英子的童年,也影响着作家林海音的一生。

在阅读中,孩子们提出的问题越来越多,随之带来的其他课外阅读补充书目也越来越"杂",班级呈现出一种求知若渴的欣欣向荣的景象。从阅读中我深深感到:一是孩子们通过自身努力解决阅读中的困惑,由"被动接受者"转为"灵活思考者";二是在一本带多本式的阅读中体会到了阅读的广度和深度;三是尊重、兼顾阅读性差异。

本课例针对小学生认知水平与认知能力,重点研究如何通过语言对人物进行分析,设计的讨论话题具有开放性、多元性,充分尊重了学生对书的独特理解,张扬了学生的个性;以讨论交流的方式评析人物,课堂不是老师的一言堂,也没有学生的人云亦云,而是一场师生共同研讨的沙龙活动。本课例围绕问题"秀贞是否是疯子?""小偷是否真的骗了英子?""兰姨娘有哪些变化?""宋妈是否善良,是否是个称职的母亲?""英子父亲是不是严父,是不是称职的父亲?"展开讨论,顺势引导学生,以研究人物形象的塑造为主要互动环节有序开展活动,引导学生在交流中研究品析人物的方法,感受小说的艺术魅力。

整本书阅读《西游记》研究课教学设计

关于《西游记》的整本书阅读教学设计如表5-5所示。

表 5-5 整本书阅读《西游记》研究课教学设计

		《西游记》研究课教学设计		
阅读教学策略		确认重要信息（研究如何厘清故事结构）		
课名		《西游记》研究课		
文本来源		统编教材五年级下册"快乐读书吧"		
教学时长		40 分钟		
文本分析	文体	主要角色		故事梗概
	章回体小说	唐僧、猪八戒、孙悟空、沙僧		《西游记》是中国古代浪漫主义长篇神魔小说，主要描述的是唐僧、孙悟空、猪八戒、沙僧师徒四人去西天取经，历经九九八十一难，终于取得真经的故事
五年级阅读策略和年级对照表	项目/策略	教学要点	五年级	本课是否使用
	确认重要信息	提取要点		
		厘清结构	√	√
	预测	人物		
		内容		
		结局		
	建立联系	自我		
		文本		
		世界	√	
	推论	线索		√
		内容、主题		
		由文本找支持的理由		√
		找不同观点	√	

续表

五年级阅读策略和年级对照表	自我提问	事实性提问		
		推论性提问	√	
		评价性提问	√	
	理解监控	提高阅读速度	√	
		有目的地阅读	√	
		策略运用	√	
		调整学习方法	√	
		形成观点	√	

学生之前未学过此策略	
学生初步了解过此策略	√
学生熟练掌握此策略	

认知目标	1. 了解场景的组成要素 2. 关注重点情节，了解孙悟空的核心品质
技能目标	1. 根据地点、人物、事件，描述故事的场景 2. 研究如何根据梳理的情节制作故事的时间轴
情意目标	1. 感受名著魅力，激发阅读《西游记》的兴趣 2. 在对比分析中体会孙悟空的性格特点

阶段	教学活动——具体实施	教学活动说明
	第一板块：启发谈话，开启阅读之旅	
暖身活动	1. 说一说情节。 师：《西游记》中哪个情节让你印象最深刻？ 2. 发现本书特点。 师：这些故事有什么特点？ 3. 小结 《西游记》全书共一百回，各部分相对独立，但又环环相扣，浑然一体	感受名著魅力，激发阅读兴趣
	第二板块：初探故事，认识时间轴	
开展活动	1. 方法引导：明示时间轴策略。 师：孙悟空是故事的主角，我们可以采用绘制时间轴的形式先来了解他名字的变化。绘制时间轴，还需要了解故事本身，还原故事发生的场景	了解时间轴的作用

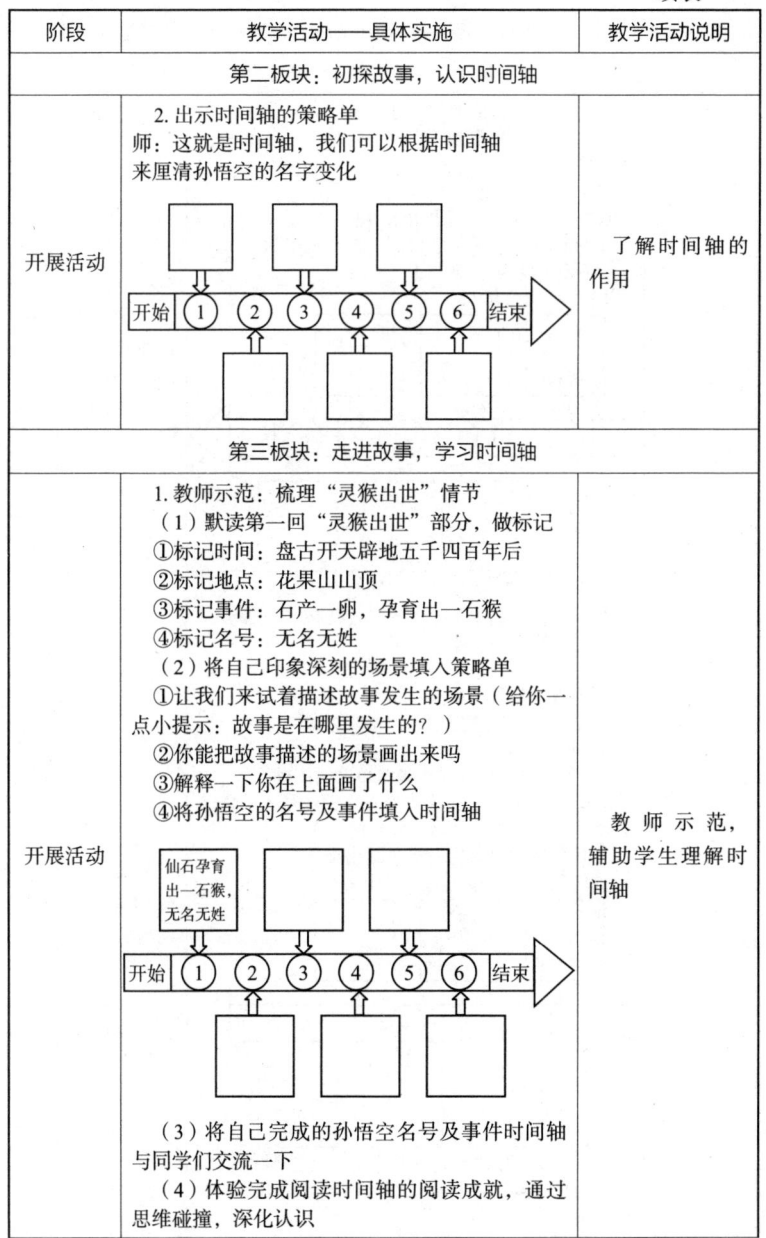

续表

阶段	教学活动——具体实施	教学活动说明
	第二板块：初探故事，认识时间轴	
开展活动	2. 出示时间轴的策略单 师：这就是时间轴，我们可以根据时间轴来厘清孙悟空的名字变化	了解时间轴的作用
	第三板块：走进故事，学习时间轴	
开展活动	1. 教师示范：梳理"灵猴出世"情节 （1）默读第一回"灵猴出世"部分，做标记 ①标记时间：盘古开天辟地五千四百年后 ②标记地点：花果山山顶 ③标记事件：石产一卵，孕育出一石猴 ④标记名号：无名无姓 （2）将自己印象深刻的场景填入策略单 ①让我们来试着描述故事发生的场景（给你一点小提示：故事是在哪里发生的？） ②你能把故事描述的场景画出来吗 ③解释一下你在上面画了什么 ④将孙悟空的名号及事件填入时间轴 （3）将自己完成的孙悟空名号及事件时间轴与同学们交流一下 （4）体验完成阅读时间轴的阅读成就，通过思维碰撞，深化认识	教师示范，辅助学生理解时间轴

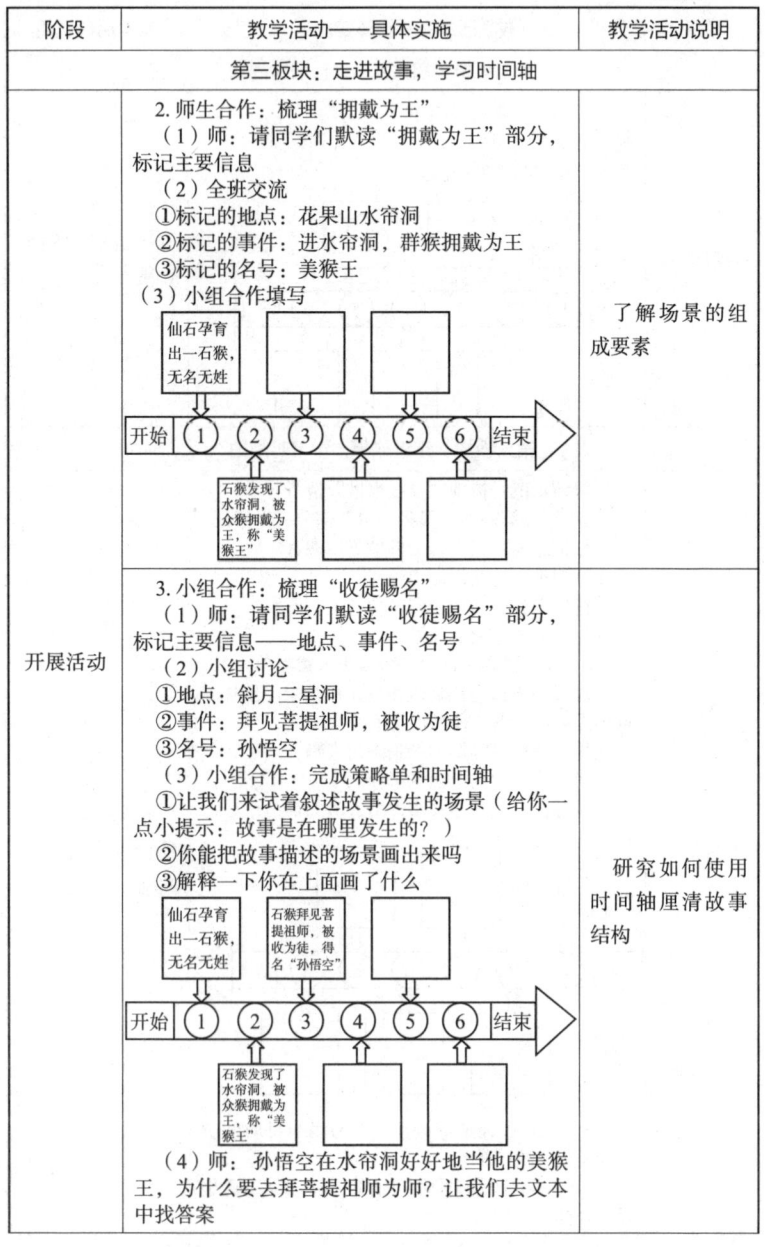

续表

阶段	教学活动——具体实施	教学活动说明
	第三板块：走进故事，学习时间轴	
开展活动	2. 师生合作：梳理"拥戴为王" （1）师：请同学们默读"拥戴为王"部分，标记主要信息 （2）全班交流 ①标记的地点：花果山水帘洞 ②标记的事件：进水帘洞，群猴拥戴为王 ③标记的名号：美猴王 （3）小组合作填写 仙石孕育出一石猴，无名无姓 开始 ① ② ③ ④ ⑤ ⑥ 结束 石猴发现了水帘洞，被众猴拥戴为王，称"美猴王"	了解场景的组成要素
	3. 小组合作：梳理"收徒赐名" （1）师：请同学们默读"收徒赐名"部分，标记主要信息——地点、事件、名号 （2）小组讨论 ①地点：斜月三星洞 ②事件：拜见菩提祖师，被收为徒 ③名号：孙悟空 （3）小组合作：完成策略单和时间轴 ①让我们来试着叙述故事发生的场景（给你一点小提示：故事是在哪里发生的？） ②你能把故事描述的场景画出来吗 ③解释一下你在上面画了什么 仙石孕育出一石猴，无名无姓　　石猴拜见菩提祖师，被收为徒，得名"孙悟空" 开始 ① ② ③ ④ ⑤ ⑥ 结束 石猴发现了水帘洞，被众猴拥戴为王，称"美猴王" （4）师：孙悟空在水帘洞好好地当他的美猴王，为什么要去拜菩提祖师为师？让我们去文本中找答案	研究如何使用时间轴厘清故事结构

续表

阶段	教学活动——具体实施	教学活动说明
开展活动	**第四板块：回顾故事，呈现时间轴**	
开展活动	1. 回顾内容，感知时间轴的作用 师：时间轴有什么作用？	感知时间轴的作用
开展活动	2. 找出姓名变化完成时间轴 （1）师：孙悟空的名号还有何变化 （2）独立完成：自主完成时间轴 读一读：读第四回《官封弼马心何足 名注齐天意未宁》 标一标：标记主要信息——地点、事件、名号 画一画：描述故事的场景 填一填：填写故事时间轴	
开展活动	3. 小组合作：呈现时间轴 仙石孕育出一石猴，无名无姓｜石猴拜见菩提祖师，被收为徒，得名"孙悟空"｜招安受骗，回到花果山，自封"齐天大圣" 开始 ①—②—③—④—⑤—⑥ 结束 石猴发现了水帘洞，被众猴拥戴为王，称"美猴王"｜第一次天庭招安，被封为"弼马温"｜	绘制完成时间轴
开展活动	**第五板块：运用"思维导图"探寻人物性格**	
开展活动	1. 进行故事对比，寻找其中联系 （1）师生共作：根据人物性格，找到"美猴王"和"孙行者"之间的相同点和不同点；利用"思维导图"梳理人物的性格特点 美猴王 品性：顽劣、不懂规矩 ← 不同点 相同点 → 品性：天真、勇敢 孙行者 法力：七十二变、筋斗云、长生不老术 品性：心高气傲、有情有义 ← 不同点 （2）师：在这两个名号中，孙悟空的性格特点是什么？ （3）师：基于"思维导图"，思考同一角色的基本性格和其他性格有什么关系	在对比分析中体会孙悟空的性格特点

续表

阶段	教学活动——具体实施	教学活动说明
第五板块：运用"思维导图"探寻人物性格		
开展活动	2.小结 不同事件中的同一人物不会脱离其基本性格，同一人物在不同事件中会表露其他性格，其他性格是基本性格的延伸和补充	在对比分析中体会孙悟空的性格特点
第六板块：归纳判断，形成自我观点		
开展活动	1.思考判断，孙悟空的性格可能会怎样发展？ （1）小组合作：回顾"思维导图"，对比"孙行者"和"齐天大圣"的性格异同 （2）全班交流：结合生活经验，猜测后续发展 2.你最喜欢哪个时期的孙悟空？ （1）独立完成：整理图表，围绕人物性格和情节预测完成人物评价卡 （2）小组合作：交流整合，撰写简单的汇报稿进行分享 人物评价卡 人物名字： 你对他的评价语言； 你喜欢他的理由； 你对他印象深刻的事例：	归纳判断，孙悟空的性格可能会怎样发展
综合活动	运用时间轴，完成西游取经路线图（教师可指定某章节）	为后续阅读铺平道路，开启深入阅读

研究对象明确，为教学树立清晰的靶子
——整本书阅读《西游记》研究课教学设计点评

一部《西游记》，用师徒四人的艺术形象反映中国文化中

的修身、正心、诚意、戒性、和情。作为中国古典四大名著之一，《西游记》一书既展示了中国传统文化的独特魅力，又体现了浓浓的历史厚重感。《西游记》研究课从不同的角度对经典进行解读，带领孩子们进一步阅读经典，感受经典，从中汲取人生智慧，让中华民族的传统美德在孩子们心中生根发芽。本课例的教学特点除了研究对象十分明确，其他主要体现在以下三个方面：

1. 研究如何根据梳理的情节制作故事时间轴

时间轴的制作方法有两种：一种是按照西游记中各位主人公自身经历的重大事件来写时间轴。另一种是按照整个书中记载的重要人物的出场顺序来制作时间轴。本课按照孙悟空经历的重大事件来制作时间轴，最后形成一个完整的时间轴。

2. 研究运用"思维导图"探寻人物性格

在教学中，教师引导学生根据人物性格，找到"美猴王"和"孙行者"之间的相同点和不同点。利用"思维导图"梳理人物的性格特点。基于"思维导图"，思考同一角色的基本性格和其他性格的什么关系。

3. 研究归纳判断，以形成自我观点

阅读目的指向十分明确：思考判断孙悟空的性格可能会怎样发展？这对学生今后的个人发展具有重要意义。

在教学中通过个人自主学习、小组合作、全班交流、整理图表等环节，引导学生围绕人物性格和情节预测完成人物评价卡，从而对学生个人的成长起到积极作用。

整本书阅读《三国演义》研究课教学设计

关于《三国演义》的整本书阅读教学设计如表5-6所示。

表 5-6　整本书阅读《三国演义》研究课教学设计

《三国演义》研究课教学设计				
阅读教学策略	确认重要信息（研究如何提取要点）			
课名	《三国演义》研究课			
文本来源	统编教材五年级上册"快乐读书吧"			
教学时长	40 分钟			
文本分析	文体	主要角色	故事梗概	
^	章回体小说	曹操、刘备、孙权、诸葛亮、关羽、张飞、周瑜等	《三国演义》是我国古代长篇章回体小说，书中着重描写了魏、蜀、吴三国的兴衰过程和复杂的政治、军事斗争，塑造了多个个性鲜明的人物形象	
五年级阅读策略和年级对照表	项目/策略	教学要点	五年级	本课是否使用
^	确认重要信息	提取要点		√
^	^	厘清结构	√	
^	预测	人物		
^	^	内容		
^	^	结局		
^	建立联系	自我		
^	^	文本		
^	^	世界	√	
^	推论	线索		
^	^	内容、主题		
^	^	由文本找支持的理由		√
^	^	找不同观点	√	√

续表

五年级阅读策略和年级对照表	自我提问	事实性提问		
		推论性提问	√	
		评价性提问	√	
	理解监控	提高阅读速度	√	
		有目的地阅读	√	
		策略运用	√	
		调整学习方法	√	
		形成观点	√	
学生之前未学过此策略				
学生初步了解过此策略			√	
学生熟练掌握此策略				
认知目标	借助图表厘清人物关系、搭建故事框架			
技能目标	借助不同人物、不同角度的评价,多元立体地感知诸葛亮的人物形象			
情意目标	培养对历史小说的阅读兴趣			
阶段	教学活动——具体实施		教学活动说明	
第一板块:检索阅读信息,竞赛答题激发兴趣				
暖身活动	1.听歌导入 (播放歌曲《滚滚长江东逝水》)悲壮豪迈的乐曲将我们带入群雄争霸的三国时代,《三国演义》描绘了一千二百多个人物形象,四十余场大小战争。哪些人物和故事在你心中留下了深刻的印象?接下来,我们要开启一场"三国争霸"的阅读竞赛! 2."三国争霸"阅读竞赛 全班学生分成"魏""蜀""吴"三组。每一题有10秒钟的答题时间,各组讨论后将答案写在答题板上,听到主持人说出"请亮题板"时出示答案,答对一题得10分		1.检索阅读信息; 2.用游戏激发阅读兴趣	

续表

阶段	教学活动——具体实施	教学活动说明
第一板块：检索阅读信息，竞赛答题激发兴趣		
暖身活动	3. 暖身活动题目示例： （1）看外貌识人（一）：生得身长七尺五寸，两耳垂肩，双手过膝，目能自顾其耳，面如冠玉，唇若涂脂 （2）看外貌识人（二）：身长八尺，豹头环眼，燕颔虎须，声若巨雷，势如奔马 （3）赤壁之战中，施行苦肉计的主角是谁 （4）被诸葛亮七擒七纵的人是谁 （5）"三英战吕布"是哪三英 （6）"卧龙凤雏得其一者安天下"，其中被称为"卧龙先生"和"凤雏先生"的分别是谁	1. 检索阅读信息； 2. 用游戏激发阅读兴趣
第二板块：研究如何梳理人物关系，研究如何厘清故事框架		
| 开展活动 | 1. 梳理人物关系<br>《三国演义》人物众多，关系比较复杂，如父子关系、兄弟关系、君臣关系……对作品中的人物关系梳理，可以帮助我们厘清故事内容，进一步体会作品的精彩<br>（1）请同学们根据人物关系图思考：东吴霸主孙权周围有哪些杰出的人才<br><br>```
          孙权
         ↓    ↓
       家室   群臣
        ↓    ↓   ↓
             文臣  武将
    父：孙坚
    母：吴国太
    兄：孙策
    妹：孙尚香
```<br><br>（2）全班交流。图表中罗列的人物，如果按等级划分，能称得上一等谋士或一等战将的有哪些人？为什么？提示学生从两个方面说明理由：<br>①书中出场的时间多，写到他的内容多<br>②在政治军事斗争中发挥的作用大 | 确定关键信息，梳理人物故事，加深对人物的了解 |
```

续表

阶段	教学活动——具体实施	教学活动说明
	第二板块：研究如何梳理人物关系，研究如何厘清故事框架	
开展活动	（3）以例子中的人物关系图为模板，分别画出"魏""蜀"的人物关系图，并交流、讨论哪些人物属于"魏""蜀"的一等谋士或一等战将 2. 梳理人物故事 《三国演义》中的人物形象栩栩如生，对发生在他们身上的故事进行梳理，可以加深对人物的了解，我们借助图表梳理主要人物的故事。例如： （图示：诸葛亮为中心，周围连接"草船借箭""舌战群儒"等故事） （1）以梳理诸葛亮的故事为例，留意目录中有关诸葛亮的章回，阅读时在书上出现诸葛亮名字的地方做上记号，概括关键事件 预设：隆中对、火烧博望坡、火烧新野、草船借箭、舌战群儒、智激周瑜、借东风、锦囊妙计、三气周瑜、七擒孟获、挥泪斩马谡、空城计…… （2）请同学们选取书中自己最欣赏的人物，梳理发生在他身上的故事，用图表的形式画写出来 （3）小组内交流 （4）根据自己梳理的人物故事，请每个小组派一名代表说说发生在主要人物身上的、给自己留下深刻印象的故事。例如：诸葛亮的《七擒孟获》，赵云的《长坂坡单骑救幼主》……	确定关键信息，梳理人物故事，加深对人物的了解
	第三板块：统整信息，多元立体评价人物	
综合活动	《三国演义》以人物为载体，诠释了中国传统文化精神。诸葛亮是《三国演义》众多人物中作者浓墨重彩描写的一位，是很受读者喜爱和尊敬的人物，是"忠诚"和"智慧"的化身，当然，也是当之无愧的三国英雄之一	

续表

阶段	教学活动——具体实施	教学活动说明
	第三板块：统整信息，多元立体评价人物	
综合活动	1.制作诸葛亮的英雄榜 曹操曾对刘备说："夫英雄者，胸怀大志，腹有良策，有包藏宇宙之机，吞吐天地之志也。""当今天下英雄，唯使君与操耳！"诸葛亮虽然不能横刀立马，驰骋厮杀，但与曹操说的英雄特质是完全符合的 （1）请学生从书中找相应的片段场景，为诸葛亮制作"三国英雄榜"，闭幕式说说其上榜的理由。 | 姓名	个性特点	书中的依据
诸葛亮	擅长言辞	第四十三回，诸葛亮面对东吴众谋士的诘难，有理有据地回击了原本占优势的投降言论，奠定了东吴联盟的基础
	了解人心	
	足智多谋	
	宽宏大量	
	……	| （2）师生交流 小结：找到书中人物出场的场景，从人物的言行举止，我们可以推测出人物的性格特点 2.学习从不同角度推测人物形象 作者罗贯中对诸葛亮的形象用尽笔力，大肆渲染，光是出场便用了一系列铺垫来烘托。不同人物眼中的诸葛亮又是怎样的呢？ （1）刘备眼中的诸葛亮。出示《三顾茅庐》片段： 三人回至新野，过了数日，玄德使人探听孔明。回报曰："卧龙先生已回矣。"玄德便教备马。张飞曰："量一村夫，何必哥哥自去，可使人唤来便了。"玄德叱曰："汝岂不闻孟子云：'欲见贤而不以其道，犹欲其入而闭之门也。'孔明当世大贤，岂可召乎！"遂上与再往访孔明	通过制作英雄榜的形式，研究从不同角度推测人物形象的方法； 立体地研究人物形象，到《三国演义》的原著中找寻支撑观点的材料

续表

阶段	教学活动——具体实施	教学活动说明
	第三板块：统整信息，多元立体评价人物	
综合活动	玄德拜请孔明曰："备虽名微德薄，愿先生不弃鄙贱，出山相助。备当拱听明诲。"孔明曰："亮久乐耕锄，懒于应世，不能奉命。"玄德泣曰："先生不出，如苍生何！"言毕，泪沾袍袖，衣襟尽湿 （师生共读以上片段） ①思考：在刘备心中，诸葛亮是怎样的人 ②预设：在刘备看来，诸葛亮是当世大贤，是可以辅佐他成就霸业的旷世奇才 （2）请学生阅读文中的主要人物——周瑜、曹操、司马懿等与诸葛亮相关的故事，说说他们眼中的诸葛亮 | 人物	评价（他眼中的诸葛亮）	书中的依据
曹操		
周瑜		
司马懿		
刘禅		
……		
……		
……		| 小结：除了从人物的言行举止来推断人物性格，我们还可以借助其他人物的视角，从他们的角度来认识人物的性格，感知立体的人物形象	延伸阅读，继续到《三国演义》的阅读中感知立体的人物形象

确认重要信息，研究如何提取要点
——整本书阅读《三国演义》研究课教学设计点评

《三国演义》是统编版教材五年级下册第二单元"快乐读书吧"的推荐书目，也是我国的四大名著之一。全书着重描写了公元 3 世纪左右，分别以曹操、刘备、孙权为首的魏、蜀、吴三个政治军事集团之间的矛盾和斗争，反映了三国时代各类社会斗争与矛盾的转化。本书在文学史上享有崇高的地位，里面既含有历史知识又藏有文学知识，内涵丰富，经久不衰，深受人们喜爱。本课例教学研究聚集一个焦点：确认重要信息，研究如何提取要点。本课例通过设计三个研究问题，引导学生继续深入阅读《三国演义》。

1. 研究如何梳理人物关系

《三国演义》人物众多，关系复杂，如父子关系、兄弟关系、君臣关系……对作品中的人物关系进行梳理，可以帮助我们厘清故事内容，进一步体会作品的精彩。在经过检索阅读信息、竞赛答题环节导入研究课之后，教师迅速引导学生确定关键信息，梳理人物关系。以图表开启教学研究互动，真正起到教给学生研究方法的效果。然后要求学生自己完成其他人物关系的研究：以例子中的人物关系图表为模板，分别画出"魏""蜀"人物关系图，并交流、讨论哪些人物属于"魏""蜀"的一等谋士或一等战将。

2. 研究如何厘清故事框架

《三国演义》中的人物形象栩栩如生，对发生在他们身上的故事进行梳理，可以加深对人物的了解。教学中以梳理诸葛亮的故事为例，留意目录中有关诸葛亮的章回，阅读时在书上出现诸葛亮名字的地方做上记号，概括关键事件。例如，隆中对、火烧博望坡、火烧新野、草船借箭、舌战群儒、智激周瑜、借东风、锦囊妙计、三气周瑜、七擒孟获、挥泪斩马谡、空城计……然后请同学们选取书中自己最欣赏的人物，梳理发生在他身上的故事，并以图表的形式展示出来。根据自己梳理的人物故事，请每个小组派一名代表谈一谈发生在主要人物身上的、给自己留下深刻印象的故事，如诸葛亮的《七擒孟获》、赵云的《长坂坡单骑救幼主》。

3.研究如何多元立体评价人物

《三国演义》以人物为载体，诠释了中国传统文化精神。诸葛亮是《三国演义》众多人物中作者浓墨重彩描写的一位，是很受读者喜爱和尊敬的人物，是"忠诚"和"智慧"的化身，当然，也是当之无愧的三国英雄之一。教学中通过制作英雄榜的形式，研究从不同角度推测人物形象的方法，教会学生立体地研究人物形象，不仅引导学生在《三国演义》的原著中找寻支撑观点的材料，还引导学生延伸阅读，继续到《三国演义》的阅读中感知立体的人物形象。

第四节
整本书阅读后的分享课

要懂得分享读书的快乐，才能加倍地快乐。阅读分享课也叫成果交流课，是整本书阅读后期阶段的一种课型，是学生读完整本书后的成果展示与分享，是一种读书带来的精神享受。阅读分享课交流的不仅是阅读信息与知识，还是阅读体验与思考，一种成长的期待。通过共享所得，反哺学生的自主阅读，能够促进他们更深入、更全面地理解整本书的思想内涵。而分享本身，则体现出一种互助共赢的精神，有助于学生逐步养成终身阅读的习惯。

一、整本书阅读分享课的目标

整本书阅读分享课的目标是通过让学生交流汇报自己的读书体会，不断增强学生的阅读能力；使学生感受到读书可以使其足不出户就能了解古今中外的奇闻趣事，既能增长知识，又能陶冶情操，还能明事理，学会如何做人；了解学生课外阅读的收获，激发学生读书的兴趣和信心，将整本书阅读继续推进。

二、整本书阅读分享课的内容

分享是一个愉悦并能产生情感共鸣的过程，所以整本书阅读分享课更注重分享的内容。其主要内容有分享精彩内容、阅读方法、写作技巧、独特体验等。在这个过程中我们追求的是快乐的享受，因此内容、形式不拘一格。

三、整本书阅读分享课的策略

1. 尊重学生的个性化阅读体验

成果分享交流课以促进学生阅读分享为目的。教师要为孩子们营造温馨、舒适的交流氛围，鼓励让他们自由地表达自己的独特思考与感悟。当然，学生的观点无所谓对错，"一千个读者眼中有一千个哈姆雷特"，每个人的观点都是独特的，我们尽量不要评判学生的观点是否正确。

以我们熟悉的《红楼梦》这部经典著作为例，近百年来，对《红楼梦》进行研读的学者有很多，甚至出现了"红学"这一学派，连很多红学家都不敢肯定的东西，我们老师有什么资格去下结论呢？我们灌输给学生的一定是对的吗？那只不过是我们自己眼中的"林黛玉"罢了。所以，在整本书阅读分享交流中，我们不能把自己的意志强加给学生，孩子眼中有自己的"林黛玉"，他们有自己的是非观。当然，随着年龄和知识、经验的增长，随着阅读次数的增加，他眼中的"林黛玉"可能会不断变化，所以我们要认识到，这种变化的过程就是学生成长的过程，收获的过程。我们不要剥夺孩子成长的权利。教师的自以为是很可能让学生不敢张嘴，消磨他们的阅读兴趣，甚至会使他们厌恶阅读，厌恶交流。还有一种可能，就是多年以后，我们随着自己阅读水平的多元化认识，会发现自己当初对文本的理解是存在偏差和错误的。

2. 选择孩子感兴趣的交流话题

既然是"聊天"式交流，我们就要有聊天的话题。那么，如何了解学生的阅读需要，以便生成话题呢？我们可以让学生把自己感兴趣的话题以小纸条的形式提交上来，教师对学生提出的问题进行归纳、整理，生成若干个聊天话题。因为话题来自学生，所以学生自然有话可说，这样的分享交流才会充满乐趣。

3. 教师要明确自己的角色定位

在分享交流课的进行中，教师要明确自己的角色定位。教师和学生的关系是平等的，因为我们都是一个阅读者。我们提倡：教师不掌控分享交流的节奏，教师不刻意推进分享交流的进程。很多人喜欢把教师定义为"主导者""推进者"，而在阅读分享交流中大可不必，师生一起享受读书的快乐才是最主要的。因为阅读交流课不是语文课堂，所以有时候也并不需要实现特定的教学目标。阅读交流课仅仅是学生自己组织的一次文学沙龙，教师要把话语权还给学生，把分享交流的权利留给学生。在这个沙龙中，我们要做安安静静的聆听者，要始终明白：我们只是学生邀请来的一个大朋友。没有人邀请发言的时候，我们不要总想着把自己的思想强加给别人。

当学生邀请教师发言的时候，教师要掌控好发言的尺度，切勿做滔滔不绝的讲演，切勿让自己成人式、教条式的发言吓跑学生的灵感。当然，也要尽量避免和学生辩论，把文学沙龙变成师生辩论会，但是孩子们之间可以有思想的碰撞，可以进行思辨。我们要时刻谨记：做一个安静的倾听者。

4. 学生阅读成果的呈现形式

学生阅读成果的呈现形式可以是多种多样的。学生可以用语言表达展示自己的阅读成果，也可以通过制作读书记录卡、有创意的书签来进行阅读成果展示，还可以通过演课本剧，班级评选读书之星、思想见解之星等活动来展示阅读成果。教师也可以指导学生写作跟进，以期进行语言文字的训练。比如，在读完《童年》后，可以让孩子写一写《我和阿廖沙有个约会》，还可以让孩子写一写《我的童年》……

全班共同读完一本书之后，师生通过读书交流会进行交流分享、总结提升、迁移运用等活动。为了进一步巩固学生的阅读成果，还可以设计新的活动，深化对整本书内容的把握与理解，提升学生的阅读鉴赏能力，提升阅读后的反馈能力，具体可以进行以下推进活动。

（1）我来续编故事。好多书的结尾都留有悬念，我们可以引导学生发挥想象、续编故事。比如，《特别的女生萨哈拉》这本书在进行阅读分享交流之后，教师可以引导学生想象萨哈拉之后的变化，比如她最后有没有实现当作家的理想等，然后顺着把内容续写下去，或者创编属于自己的特别故事，可以像萨哈拉一样写一写心灵日记。

（2）对话书中人物。儿童书籍中的人物形象往往有着鲜明的特点，在阅读过程中，学生的心会随着书中人物的喜怒哀乐而变化，也会使学生生发出某种期待，诸如希望这些人物此时怎么样，又或是希望他们将来怎么样……教师引导学生对书中的内容做出自己的评价，使之产生与书中人物对话的冲动。读完整本书后，老师还可以让学生用写信的方式，与书中某个人物进行对话；也可以以第二人称写读后感，引导学生进入书中情境，思考、品味；还可以像"感动中国"节目那样为自己喜欢的人物写一段颁奖词。通过这些活动设计，一方面满足学生情感表达的需求，另一方面让学生更好地融入作品的情节、更好地理解人物，同时锻炼、提升学生的书面表达能力。

（3）创作思维导图。高年级学生可以引导他们画思维导图，提升他们的总结概括能力和逻辑思维能力。思维导图有多种表现形式：或以情节线为轴，或以人物线为轴，或以时间线为轴，或以书中的一个故事为生发点展开，等等。其实，画思维导图的过程，就是学生对这本书再阅读、再思考、再总结、再创作的过程。学生借助思维导图或介绍人物，或介绍相关的故事情节，不仅锻炼了语言表达能力，还锻炼了思维能力。

四、他山之石可以攻玉

关于分享交流的课型研究，我们还可以借鉴"精致语文"首倡者、全国中语会课堂优化指导专家、江苏省全民阅读中小学委员会专家组成员、著名语文特级教师徐杰老师倡导的抓"点""线""面"的分享策略。徐杰老师的经验也是值得我们学习和研究的。

①抓点。所谓"点"，是整本书或整本书中某个或某些章节的重要点。比如，《水浒传》阅读分享课的抓点可以从四个方面展开：一是聚焦情节，以《水浒传》中有意思的酒局为抓点，选取三个有酒局的关键情节，让学生理解整本书的相关内容及人物特点。二是从人物方面展开，整理、归纳《水浒传》中的英雄绰号，让学生从关键英雄的绰号开始，寻找人物绰号的来源，再聚焦三个女英雄中的"一丈青"，设置重新取绰号、说理由的教学

活动，让学生对人物形象的分析更加深入。三是聚焦《水浒传》主题，选取"《水浒》匾额，从聚义厅到忠义堂"的点，促使学生思考匾额的变换给梁山英雄带来了怎样的影响，从而让学生更加理解文章的主题。四是选取"手法"的点，片段重读，体会《水浒传》中智取生辰纲的"智"，比较吴用和杨志的"智"有何区别，让学生体会书中用来表现人物的正衬和反衬的写作手法。

"点"就是教师的眼光，是窥斑见全貌的"斑"。当然，要把"点"做透，做深入，需要选好有支撑力的、丰富的重点，要设计出有梯度的课堂阅读活动，选择有代表性、关键性的"点"作为教学内容。

②拎线。"线"就是贯穿全书或者某几个章节的主线，围绕主线展开阅读分享，既有发散，又有聚焦，是一种大开大合的阅读活动形态。主线具有"三力"，即凝聚力、支撑力、生长力。

凝聚力：好的主线能吸引绝大多数学生积极地参与其中，能让绝大多数学生有话说、愿意说，这就需要教师设计丰富的、有趣味的活动。比如，《钢铁是怎样炼成的》这本名著，可以抓住保尔和生命中的几个女孩儿（初恋冬妮娅、革命战友丽达、妻子达雅）这一主线，这一主线可以串起保尔的革命经历及他的成长历程。

支撑力：好的主线，在组织活动时，不是一问一答，更不是三言两语就能作罢的，而是能上下延伸，左右勾连，可谓"拎起一根线，扯出一大串"。比如，在《骆驼祥子》一书中，徐杰老师设计的主线是祥子和钱，即从赚钱到攒钱再到花钱。此外，《骆驼祥子》还可以设计祥子和车、祥子与生命中的女人等主线，这些活动，可以将整本书中的人物、情节、细节、主题等诸多内容串联起来，糅在一起，引导学生围绕话题，在整本书里来来回回地行走。

生长力：语文课的魅力就在于教师、学生、文本三者之间能够共生共长。名著阅读分享课的主线就是一棵树，要预留足够的生长空间，要能够在分享的过程中，不断地催生出更多的新东西，长成枝繁叶茂的大树。

著名学者叶澜教授的话语同徐杰老师的观点相似，她说："课堂应是向未知方向挺进的旅程，随时都有可能发现意外的通道和美丽的图景，而不是一切都必须遵循固定线路而没有激情的行程。"比如，《西游记》第13～31回阅读分享的主线是"唐僧与悟空的矛盾冲突"。学生首先需要了解唐僧与悟空之间发生过哪些冲突，这是内容梳理；然后通过悟空前后的变化，感悟悟空的成长蜕变；聚焦三打白骨精的"三"字，让学生了解"三"字中的深意；细读悟空离开的片段，体悟悟空的有情有义。

徐杰老师曾列举了《儒林外史》和《昆虫记》这两本书的阅读分享课的主题，从中可以明晰，主线都印证了"凝聚力、支撑力、生长力"的特点。

③合面。合面就是关注若干主线之间的联系与配合，形成对一本书的多面立体的阅读体验。主线之间可以是相互联系的、有逻辑关系的，也可以是并列、因果、递进的关系，等等。徐杰老师表示，他设计的《海底两万里》整本书的三根主线是：幻想、真实、科学，形成了多维立体的课堂形态。三根主线就是三次解读，主线之间也是相互交融的。在"真实"这根主线中，可以通过大量详尽的数据，通过历史事件、一些细节场景，让学生理解其真实性。

名著阅读分享课运用"点线面"的基本操作策略，有效抓点，连点成线，多线多面，多面成体，从而形成一个由零散到整合、由阶段到整体的阅读过程。

四、整本书阅读分享课案例及分析

整本书阅读《草房子》分享课教学设计(一)

教学目标:

(1)回顾阅读进程,再现《草房子》中的精彩片段。

(2)品味人物形象,感受人物带给我们的艺术魅力。

(3)通过分享,让学生与作者产生情感共鸣。

教学重点:

品味人物形象,感受人物带给我们的艺术魅力。

教学难点:

通过分享,让学生与作者产生情感共鸣。

教学过程:

1. 回顾阅读历程,"草迷"比拼

(1)这些天,我们走近《草房子》,在读书的过程中,很多瞬间深深感染着我们,让我们一起回顾这本书吧!

请同学们用画笔画下自己心中的草房子。

(2)看来我们都是《草房子》的忠实读者,咱们来一场比拼好不好?我们来猜猜他是谁?

①现在最吸引人的就是那顶帽子:雪白的一顶帽子,这样的白,就这样戴在他的头上,使得他陡增了几分俊气与光彩。

②身材高高的,非常匀称,只是背已驼了,浑身上下穿得干干净净,粽子大的小脚,拄着拐杖,一头银发。

③她有着乡下孩子少有的灵气和书卷气,却没有一点点傲气,是一个文弱、恬静、清纯又柔和的女孩儿。

我们来考考小细节:

①秃鹤的光头从几年级开始不让人家摸的?

②桑乔说油麻地日后最有出息的孩子是谁?

③以下不是桑桑所为的是（　　）。

A. 撕下蚊帐作渔网

B. 拆卸柜橱作鸽子窝

C. 偷走女同学的书本

D. 帮细马找柳须

2. 走近人物，感受魅力

（1）聚焦秃鹤。课下了解到很多同学都觉得秃鹤给自己留下了很深的印象，那么我们就先来交流一下这个人物吧！

秃鹤给你留下了哪些深刻的印象呢？

指名学生说（　　）

预设：

①自卑。

事件1：秃鹤三年级时不再让人摸他的头。

事件2：为了逃避同学异样的眼光，他选择不去上学。

事件3：他用生姜擦头，忍着火辣辣的疼，希望在七七四十九天后能长出头发来。

事件4：他用戴帽子的方式企图遮掩自己的秃头，却遭受到同学们更疯狂的嘲笑与捉弄。

②自暴自弃。

事件1：故意彰显他的秃头，就连冬天也不戴帽子。

事件2：在汇操表演中报复油麻地小学的师生。

③孤独。

事件1：帮助同学拿纸飞机，却被同学嫌弃。

事件2：被狗咬伤了，却没有一个人关心他，就连老师也说："咬就咬了呗。"

事件3：新学期分组，没有一个组想要他。

④自信。

事件：利用自己的秃头努力演好一个秃伪军长，用自己的行动赢得了大家的尊重，挽回了尊严。

小结：因为秃头自卑，因为秃头饱尝孤独，因为秃头赢得了大家的尊重，挽回了尊严。

（出示：纯净的月光照着大地，照着油麻地小学的师生们，也照着世界上一个最英俊的少年……）

为什么说秃鹤是最英俊的少年？

小结：我们从这个"最英俊的少年"身上看到的是成长后的坚强与自信。（板书：成长）

（2）其他小组的人物交流。

要求：

①组内选定一个人物（桑桑、纸月、杜小康、秦大奶奶……）；

②在组内交流时，每位同学都发言；

③在分享时，每位同学都有分工来展示分享。

小结：今天同学们通过分享，感受到了书中人物的成长经历。这样成长经历让每个同学都有不同的感受。我们一起来看看。

3. 分享收获，深化情感

（1）读《秃鹤》这一章，我仿佛看到了：陆鹤由一只自卑的小老鼠变成自信满满、有着雄心壮志的苍鹰。（同学1）

（2）纸月的故事让我懂得了：不管你的生活是怎样的，我们都应该把自己完美的一面展现给大家！（同学2）

（3）我在杜小康和桑桑的故事里知道了什么是真正的朋友，朋友是共同经历过许多风雨的，虽然中间会有小矛盾、小别扭，但都会化解。杜小康最难过的时候，有桑桑陪在身边，其实是挺幸福的。（同学3）

（4）读到杜小康父亲出海赚钱时，我体会到了父爱。杜雍和为了让儿子生活得更舒服，不顾风险去赚钱。在现实生活中，我们也要体谅父母，因为父母为我们付出了太多太多，是我们一辈子也还不完、还不起的。（同学4）

（5）当桑桑的妈妈骂桑桑的手很脏、夸纸月的小手很白很干净时，桑桑赶紧把手藏在身后，纸月也赶紧把小手藏起来。纸月不想让别人拿她和其他人作比较，让桑桑被人笑话，我觉得纸月真的是太善良了。（同学5）

（6）细马是一个过继过来的孩子，刚来油麻地的时候，很不受邱二妈的喜欢，可是他懂得孝顺。邱二爷病倒了，他不顾一切地去找药引子。养母疯了，进山迷路回不了家，他花了好几天的时间从山上找回她，并且花钱给自己的养母治病。在我的心里，细马是最孝顺的孩子，知道感恩。（同学6）

（7）我认为秦大奶奶不愿意离开艾地是有原因的，因为这片土地是秦大奶奶和她的老伴儿每天辛苦劳作，用了十几年的时间换来的，也是秦大奶奶和秦大留下的最后的记忆。善良的秦大奶奶最后却是为了孩子们把自己视为生命的土地让了出来，这是多么质朴善良的老人啊！（同学7）

（8）在现实生活中，也有许多类似秃鹤的人，我认为每个人都不可能是完美的，都会自卑，但是用行动来改变他人对自己的看法，才是最重要的。（同学8）

从你们的读后收获中，我感受到《草房子》的美好。我们在《草房子》里感受到了人世间最珍贵的真善美，亲人之爱、朋友之情、同学之谊，苦难中的悲天悯人，绝境时的永不放弃，拥有这些，世界才是最美好的。

4. 板书设计

《草房子》分享课

品味人物形象
感受艺术魅力
自卑 自信 孤独 固执 善良
蛮不讲理 自暴自弃

阅读分享，引领学生精神成长
——整本书阅读《草房子》分享课教学设计点评

《草房子》分享课例是一节典型的整本书阅读分享课。

《草房子》之所以得到广大读者的喜爱，是因为作者成功塑造了典型环境中的典型人物，这些人物形象在典型环境中逐步成长，变得丰满。曹文轩自己也认为："创造儿童小说，不应当就是编一个曲折动人的故事，吸引小读者的可能是故事性，但不一定非要靠故事性"。因此，在本次分享展示课上，学生按照"阅读整本书的四要点"，即内容梳理、人物分析、品读语言、思考启迪，充分发挥小组合作学习的优势，梳理呈现书中主要人物及其形象特点；推广"扶—放"的教学过程，激发学生品读语言文字的兴趣；学生着力品味秃鹤这个人物形象，通过分享交流，品味人物情感的变化，走进人物的内心世界，感受语言文字的魅力。

1. 教学环节紧凑，聚焦人物成长

课堂伊始，课例以"草迷"比拼的形式，回顾阅读历程。孩子们看着照片、回想着自己的阅读历程，回味着自己满满的收获，又一次重新走近了书中的人物，感受人物的成长变化。

随后，课例对秃鹤这个人物形象进行了分析。在交流品味这个鲜明的人物形象时，采取了"扶"的形式，引导学生对秃鹤的形象进行交流，在交流中逐步让秃鹤的人物一点点丰满、立体。随后，以小组形式，让学生交流自己喜欢的人物，采取了"放"

的形式。学生们在小组中畅所欲言，充分发表了自己对人物的看法与感悟。在随后的小组展示、补充交流中，学生用自己质朴的语言谈论着自己的感受。在对人物形象更加深刻的理解中，在品味语言的过程中，学生积累了语言，发展了思维，开阔了视野，在阅读中获得了更多的情感体验。

在交流读后收获时，学生对自己所写的读后感深情地朗读，心灵再一次受到感动，再一次感受了《草房子》一书的魅力，唤醒了他们心底的人文情怀，使他们的心变得柔软起来，让他们真正学会感动。

2. 授人以鱼，更授人以渔

本课例还从侧面教给了学生一些实际的读书方法。例如，将学生发言时的人物特点和事件用关键词的形式进行了呈现，多角度认识人物，同时渗透一种读书的方法，通过回忆事件来了解人物性格，通过关键词记录书中人物的经历。相信他们在读其他的文学作品时，对人物形象的了解会更深入、更全面。

教师教给学生阅读整本书的方法，为学生的阅读指明方向，才能够使学生真正投入整本书阅读，课堂才会变得生动有趣，而且十分高效。

整本书阅读《草房子》分享课教学设计（二）

教学目标：

（1）分析阅读收获，激发学生阅读的兴趣和信心；

（2）交流汇报自己的读书体会，增强阅读能力；

（3）感悟《草房子》中的环境美、人物美、语言美。

教学重点：

交流汇报自己的读书体会，增强阅读能力。

教学难点：
感悟《草房子》中的环境美、人物美、语言美。
教学准备：
多媒体课件
教学过程：
1. 分享感受
（1）这学期老师和同学们一起阅读了同一本书——《草房子》。今天我们就开个读书会，大家分享一下对《草房子》的阅读体会。
（2）（课件出示封面）读了这本书，你的感受如何？
2. 感受《草房子》的环境美（课件出示标题）
（1）过渡：作者曹文轩用诗一样的语言，用饱含深情的笔触，把我们带入了一个纯美、温情的画面，让我们再次感受这古朴温馨的"草房子"。
（2）哪位同学愿意来读一读这富有诗意、清新典雅的文字？

在这些草房子的前后或在这些草房子之间，总有一些安排，或一丛两丛竹子，或三株两株蔷薇，或一片花开得五颜六色的美人蕉，或干脆就是一小片夹杂着小花的草丛。这些安排，没有一丝刻意的痕迹，仿佛是这个校园里原本就有的。

油麻地小学的草房子里，冬天是温暖的，夏天却又是凉爽的。这一幢幢房子，在乡野纯净的天空下，透出一派古朴来。而当太阳凌空而照时，那房顶上金泽闪闪，又显出一派华贵来。

3. 感受《草房子》的人物美（课件出示标题）
过渡：同学们，在这些美丽的草房子里，生活着一群可爱的孩子们，能说一说这些孩子们中谁给你留下的印象最深刻吗？（重点讨论桑桑、杜小康、秃鹤等人物）

同学们，先看几张图片，猜猜他们是谁。我还从书中节选了一些片段，请仔细听我读，你们能迅速判断出文字描写的是书中的哪个人物吗？做好准备，看谁猜得既快又准。

他挺着瘦巴巴的胸脯，有节奏地迈着长腿，直朝人群走来。现在最吸引人的就是那顶帽子：雪白的一顶帽子，这样的白，在夏天就显得很稀罕、格外显眼；很精致的帽子，有优雅的帽舌，有细密而均匀的网眼。它就这样戴在他的头上，使得他陡增了几分俊气与光彩。

她会唱歌，声音柔和而又悠远，既含着一份伤感，又含着一份让人心灵颤抖的骨气与韧性。她拉得一手好胡琴。琴上奏得最好的又是那曲《二泉映月》。夏末初秋的夜晚，天上月牙一弯，她坐在荷塘边上，拉着这首曲子，使不懂音乐的乡下人心里也泛起一阵莫名的哀愁，桑桑的胡琴就是她教会的。

她有着乡下孩子少有的灵气和书卷气，却没有一点点傲气，她丝毫也不觉得她比其他孩子有什么高出的地方，一副平平常常的样子。她让油麻地小学的老师们居然觉得，她大概一辈子都会是一个文弱、恬静、清纯而柔和的女孩儿。

那时，她正在看着她的鸡在草丛中觅食。她听到喊声，转过身来，隐隐约约地见到一张孩子的面孔正在水中忽闪，一双手向天空拼命地抓着。她在震撼人心的奶奶的余音中，来不及爬下河堤，就扑了下去⋯⋯

桑桑最崇拜的人就是他，他长得好，笛子吹得好，篮球打得好，语文课讲得好⋯⋯桑桑眼里的他是无数个好加起来的一个完美无缺的人。

这么多鲜明的人物形象中，最能打动你、让你难以忘怀的是谁？

1. 桑桑

（1）桑桑为什么让你难忘呢？（学生举例细说，桑桑的善

良、热心、爱心、勇敢、仗义等）

（2）像这样的孩子往往都是精力旺盛、身体结实的孩子，可是为什么他却成了这副模样？（课件出示：桑桑清瘦得出奇——两条腿细得麻秆一般，胸脯上是一根根分明的肋骨，眼窝深深，眼睛大得怕人。）

（3）谁来说说桑桑变成这副模样的原因？

（4）是的，桑桑得了一种怪病，才导致他变成这种模样。那么，桑桑得了怪病以后的表现又如何呢？我们一起来看下面这段话（课件出示）：

桑桑坚持上学，并背起了纸月送给他的书包。他想远方的纸月会看到他背着这个书包上学的。他记着母亲转述给他的纸月的话——"很多年很多年"。他在心里暗暗争取着，绝不让纸月失望。

（5）说一说，你读了这段文字后感受到了什么？

（6）交流感受桑桑的坚强乐观。

（7）小结：生命是一曲顽强的歌，我们喜爱坚强乐观的桑桑，让我们通过朗读重温吧！

2. 杜小康

（1）书中还有一个人物也让我深深地记住了他，刚才也有同学说喜欢他，他就是杜小康。我觉得对杜小康，仅仅用喜欢一词来表达还不够，他让我钦佩。书中有一句对杜小康评价的话："日后，油麻地最有出息的孩子，也许就是杜小康！"（课件出示）这是谁说的？是在什么情况下说的？

（2）重点交流杜小康在校门口摆小摊的情节。

他坐在校门口的小桥头上。令油麻地小学的老师和学生们都感震惊的是，这个当初在油麻地整日沉浸在一种优越感中的杜小康，竟无一丝卑微的神色。他温和、略带羞涩地向那些走过他身旁的老师、学生问好或打招呼。

（3）桑校长为什么要这样说？简要地说说杜小康的经历。

（4）从杜小康的经历中你感受到了什么？

（5）小结：一个人最大的敌人是他自己，杜小康战胜了他自己，真令我们钦佩啊！

3. 秃鹤

（1）说完杜小康，书中还有一个人物我们不能不提，他是全书第一个出场的，他就是……

（2）秃鹤是他本来的名字吗？那他为什么又叫秃鹤呢？原来，他有一个与众不同的脑袋，他是个光头，作者对他的光头做了特别传神的描写，让我们请一位同学来读一读这段话。（课件出示）

一个十一二岁的少年顶着这么一颗光头确实让人接受不了。他曾愤怒过、伤感过、捣乱过、报复过，但他最终战胜自我使他成为老师和同学们心目中的英雄。

来，一起读这句话：纯净的月光照着大地，照着油麻地小学的师生们，也照着世界上一个最英俊的少年……

4. 感受《草房子》的语言美（课件出示标题）

（1）小结：我们一边读，一边收获着，感动着。书中有太多让我们难忘和感动的画面！找出最让你难以忘怀的画面，自由地去朗读吧！

（2）学生朗读。

（3）小结：听了大家的朗读，老师不禁想到了有人对《草房子》这样评价：（出示名言，学生齐读）

《草房子》是一首诗，读《草房子》是一种享受，是一种文学的享受，是一种艺术的享受，更是一种真善美的享受！

5. 延伸思考，延伸阅读

课堂有限，但阅读没有终点。

最后，送给同学们几句话，（学生齐读）

阅读，成就人生。

腹有诗书气自华。

最是书香能致远。

布衣暖，菜根香，读书滋味长。

希望你们铭记在心，从今天起，我们都来做个快乐的读书人。

6. 板书设计

《草房子》分享课

感悟《草房子》中的美

《草房子》的环境美

《草房子》的人物美

《草房子》的语言美

整本书阅读《城南旧事》分享课教学设计

教学目标：

（1）分享《城南旧事》的主要故事和人物，能对故事中的人物及事件发表自己独特的见解；

（2）培养学生的语言概括能力和口头表达能力。

教学重点：

（1）引导学生感受童真的可贵，珍惜童年的美好生活；

（2）培养学生的语言概括能力和口头表达能力。

教学难点：

（1）激发学生的阅读兴趣；

（2）在交流中掌握阅读整本书的方法。

教学过程：

1. 读书交流，导入分享

同学们，前段时间我们开展了"同读一本书活动"，我们班阅读的是——《城南旧事》，说起《城南旧事》，这本书可厉害着呢！请看大屏幕！谁来给大家读一读？（课件出示）

《城南旧事》曾被评选为亚洲周刊"二十世纪中文小说一百强"。20世纪80年代还被搬上荧幕，并获得了中国电影金鸡奖等多项大奖，感动了一代又一代的中国人。

今天，我们就一起来聊一聊这部经久不衰的作品。

2. 走近作者，体会作者的忧伤

（1）首先，我们先来聊一聊作者，这本书的作者是——林海音。谁来给大家介绍介绍你了解的林海音？（课件出示：林海音图片）

（2）《城南旧事》是林海音的成名作，你能不能结合自己的读书体会说一说你对这本书题目的理解。

（3）书中写的是作者童年在北京生活的往事，几十年后她每次提起北京，都感慨万千。正因为林海音对北京这种挥之不去的爱，我们才有了这样一部言之不尽的《城南旧事》。

（4）本学期我们有一篇课文就选自《城南旧事》，这篇课文——《冬阳·童年·骆驼队》，是它的序言。在序言中，林海音是怎样描述她对北京的刻骨铭心的思念的？让一起再来读读这段话（课件出示）。

夏天过去，秋天过去，冬天又来了，骆驼队又来了，但是童年却一去不还。……看见冬阳下的骆驼队走过来，听见缓慢悦耳的铃声，童年重临于我的心头。

3. 走进故事，分享串珠子的叙事法

（1）"让实际的童年过去，心灵的童年永存下来。"是啊，读着这本《城南旧事》，我们自己仿佛就是书中的那位小英子，童年的往事又一幕一幕地浮现在我们的脑海中，那么这本书写了林海音童年的几个故事呢？（五个故事：《惠安馆》《我们看海去》《兰姨娘》《驴打滚》《爸爸的花儿落了》）

（2）谁能挑一个自己印象最深的故事介绍给大家？

（3）同学们，这五个故事都是相对独立而完整的，那么它们有什么相同点呢？（在五个故事中，英子身边的每一个人最后都离开了她，每个故事的中心人物都有英子，每个故事所表达的情感都是比较难过的）

（4）有难过、有忧伤，还有不舍，就是这忧伤、难过和不舍充斥在英子的童年里。我们换句话来说，英子的童年里充满了"淡淡的哀愁和浓浓的相思"。这是这本书的感情线。

（5）像这样，用一条感情线围绕中心人物把发生在不同时间、不同地点的故事像珠子一样串联起来，就叫"一线串珠法"。这里的"线"就是感情，这里的"珠"就是故事。就让我们循着这条线走进一个个故事，走近故事中的人物。

4. 走近人物，分享艺术的魅力

（课件出示）猜猜她是谁？

（1）首先，我们要走近这本书的中心人物，也是大家都非常感兴趣的人物——小英子。说一说她是怎样一个人？先在小组内讨论，然后选出代表在全班交流，可以在书中寻找片段来支持你的观点。（懂事、善良、有同情心……）

（2）通过我们的交流，英子的形象就展现在了我们面前，下面我们继续走近另一个人物。（课件出示）猜猜他是谁？

"小英子，你说我是好人？坏人？嗯？"

好人，坏人，这是我最没有办法分清楚的事，怎么他也来问我呢？我摇摇头。

"不是好人？"他瞪起眼，指着自己的鼻子。我还是摇摇头。

"不是坏人？"他笑了，眼泪从眼屎后面流出来。

"我不懂什么好人，坏人，人太多了，很难分。"

①猜猜他是谁？（小偷）

②我要问问大家，认为"他"是好人的举手，认为"他"是坏人的举手，还有不同观点的举手。（分别找一名学生表达自己的观点，有相同观点的学生可以补充）

③刚才我们在评论这个小偷的时候，可谓是"仁者见仁，智者见智"，这也告诉我们，在评判一个人或是一件事的时候，可以从多个角度去思考、观察。

（3）其实，在这本书当中不仅仅有小偷和小英子，还有其他人物。猜猜他们是谁？

①（课件出示）"英子，人家说我得了疯病，你说我是不是疯子？人家疯子都满地捡东西吃，乱打人，我怎么是疯子，你看我疯不疯？"

看到这一段，你想到了谁？（秀贞）

②（课件出示）我没有再答话，不由得再想西厢房的小油鸡，井窝子边闪过的小红袄，笑时的泪坑，廊檐下的缸盖，跨院里的小屋炕桌上的金鱼缸，墙上的胖娃娃，雨水中的奔跑……一切都算过去了吗？我将来会忘记吗？

看到这一段，你又想到了谁？（妞）

③（课件出示）于是我唱了五年的离歌，现在轮到同学们唱给我们送别："长亭外，古道边，芳草碧连天。问君此去几时来，来时莫徘徊。天之涯，地之角，知交半零落。人生难得是欢聚，唯有别离多……"

我哭了，我们毕业生都哭了。我们是多么喜欢长高了变成大人，我们又是多么怕呢！当我们回到小学来的时候，无论长得多么高，多么大，老师！你们要永远拿我当个孩子呀！

④是呀！多想永远当个孩子，在成长的过程当中，英子的伙伴一个又一个的离她而去：惠安馆的秀贞、遍体鞭痕的妞，还有兰姨娘、宋妈，最后到小学毕业的时候，深爱她的爸爸也离她而去了。

⑤（课件出示）我把小学毕业的文凭，放到书桌的抽屉里，再出来，老高已经替我顾好了去医院的车子。走过院子，看那垂落的夹竹桃，我默念着：

爸爸的花落了。我已不再是小孩子了。

⑥（课件出示）是的，我已不再是小孩子了，在我的成长当中常常有许多人让我做大人：宋妈临回他的老家的时候说："英子，你长大了，可不能跟弟弟再吵嘴！他还小。"

兰姨娘跟着那个四眼狗上马车的时候说："英子，你长大了，可不能找你妈妈生气了。"

蹲在草地里的那个人说："等到你小学毕业了，长大了，我们看海去。"

5. 升华情感，个性表达

（1）虽然，这些人都随着"我"的长大没有了影子了，是跟着"我"逝去的童年一起失去了吗？让我们一起循着音乐，跟着画面再次走进《城南旧事》，看到这些画面，你想到了哪些人、哪些事？

（2）（课件播放配乐图片）看到这，你一定有自己独特的感受，拿出你们的《城南旧事》，把你们的感受写在扉页上。

（3）交流感受。

6. 课堂总结，拓展延伸

（1）刚才同学们的感悟都深深地感动了我，那我们再来看一下我们今天聊的《城南旧事》。在知道我们要阅读一本书的时候，我们要走近作者，走进故事情节，走近人物。其实，林海音还有很多很多作品，比如《我们都长大了》《我的京味儿回忆》《穿过林间的海音》等。课下的时候我们可以多去读一读这些优秀的作品，和更多优秀的人做朋友，让我们的童年更精彩。

（2）（课件出示）让实际的童年过去，心灵的童年永存下来。（齐读）

7. 板书设计

《城南旧事》分享课

走近作者：体会作者的忧伤

走进故事情节："一线串珠"叙事法

走近人物：分享艺术的魅力

读书，不能因为分享而结束

——整本书阅读《城南旧事》分享课教学设计点评

著名特级教师钱梦龙说："孩子学说话，始于模仿；学生学习作文，是一种书面形式的学话，起始阶段适当进行模仿也是必要的。"其实，学生的整本书阅读也是这样的呀！

阅读分享课，要分享什么？从著名特级教师钱梦龙上面的话语中，从本节分享课的课例中，我们找到了答案。该课例的主要特点如下：

1. "一线串珠"的架构

该课例以三个"走进（近）"，把这节分享课的教学内容立体地展现在学生的面前：走近作者，体会作者的忧伤；走进故事情节，体会"一线串珠"叙事法；走近人物，感受分享艺术的魅力。这样的教学架构，本身是不是一种分享的方法呢？

2. 引领学生学习读书

《城南旧事》是林海音的成名作，书中写的是作者童年在北京生活的往事,几十年后她每次提起北京,都感慨万千。正因为林海音对北京这种挥之不去的爱,我们才有了这样一部言之不尽的《城南旧事》。利用阅读分享,引导学生走近作者,去了解作者心中那淡淡的忧伤,为理解作品的情感做好铺垫。

在对故事的分享中,了解作者"串珠子"的叙事法。"同学们,这五个故事都是相对独立而完整的,那么它们有什么相同点呢?(在五个故事中,英子身边的每一个人最后都离开了她,每个故事的中心人物都有英子,每个故事所表达的情感都是比较难过的)有难过、有忧伤,还有不舍,就是这忧伤、难过和不舍充斥在英子的童年里。我们换句话来说,英子的童年里充满了'淡淡的哀愁和浓浓的相思'。这是这本书的感情线。""像这样,用一条感情线围绕中心人物,把发生在不同时间、不同地点的故事像珠子一样串联起来,就叫'一线串珠法'。这里的'线'就是感情,这里的'珠'就是故事。就让我们循着这条线走进一个个故事,走近故事中的人物。"在这样的分享中,学生自然而然就了解、学会"一线串珠法"了。

在对人物的交流分析中,引导学生学习分享艺术魅力的方法。"首先,我们要走近这本书中的中心人物,也是大家都非常感兴趣的人物——小英子。说一说她是怎样一个人?先在小组内讨论,然后选出代表在全班交流,可以在书中寻找片段来支持你的观点。"

在升华情感的提示中,教给学生个性表达的方法。"虽然,这些人都随着'我'的长大没有了影子了,是跟着'我'逝去的童年一起失去了吗?让我们一起循着音乐,跟着画面再次走进《城南旧事》,看到这些画面你想到了哪些人、哪些事?(课件播放配乐图片)看到这,你一定有自己独特的感受,拿出你们的《城南旧事》,把你们的感受写在扉页上。"不做作,水到渠成的自然表达，我想这是不是学生更喜欢的一种表达呢？

3. 读书不能因为分享而结束

在分享课即将结束之时，老师用巧妙的引导语把孩子们带到一个阅读的新天地。"刚才同学们的感悟都深深地感动了我，那我们再来看一下我们今天聊的《城南旧事》。在知道我们要阅读一本书的时候，我们要走近作者，走进故事情节，走近人物。其实，林海音还有很多很多作品，比如《我们都长大了》《我的京味儿回忆》《穿过林间的海音》等。课下的时候我们可以多去读一读这些优秀的作品，和更多优秀的人做朋友，让我们的童年更精彩！"读书不能因为分享而结束。一节分享课，开启了阅读童年，开启了阅读人生。

关于整本书阅读课型模式研究的介绍就到此结束了。现在我想说：阅读伊始的导读课、阅读中的推进课、阅读中的研究课、阅读之后的分享课是整本书阅读的几种基本课型，一本书的阅读，可以使用其中的一种或几种课型，不必每本书阅读都经历这几种课型。在第一学段，导读课和分享课会使用得多一些；而到了第二、第三学段，由于阅读的需要，阅读推进课和研究课会使用得逐渐多起来，但无论怎样使用，我们关注的是实际需求和使用效果。我坚信，整本书阅读课型的设计研究，一定会助力我们教师在整本书阅读的道路上少走弯路，一定会让孩子们真正地爱上读书，学会正确地读书。我更想说：阅读经典，阅读整本书的过程带给孩子们的改变是不可估量的，那种精神的影响一定是持久而深远的。

我们一起走在整本书阅读实践探索的大路上，前景是光明的，道路是曲折的。

教学旅途中的探索与发现永无止境，盼望我们共同进步、共同提高！

后 记

转眼间,从山东省平原师范学校毕业做语文教师已经三十六度春秋了。语文教学是我养家糊口的工作,也是我想完成的使命。

从教这么多年以来,我早觉得自己有写一点东西的必要。因为教学语文学科,经常给学生讲如何写作文,自己在写作上却无所建树,有时候觉得当语文教师好像少了点什么。但对于要写些什么、如何去写、为谁写,这些问题却被平时繁忙的教学工作淹没了。

2019年,我开始主持研究德州市教育规划重点课题《基于阅读素养的整本书精准阅读实践研究》,阅读了大量关于整本书阅读的文献资料,做了大量的教学实践和经验整理工作。我通过学习和实践研究深深认识到,整本书阅读必须在语文教学中扎扎实实逐步推进落实。

我认为,整本书阅读的推进,可以从两个方面入手:一是需要聚焦案例研究,以大量的案例呈现教学的真实现场,让更多的教师看到教学理想照进现实的教学过程;二是需要理清一些基本的概念,理解课程标准的要求,弄懂相关要求的理论依据,同时能够形成高层次的整本书阅读教学设计,有针对性地采取具体的策略方法,逐步提升整本书阅读课堂教学效率等多方面的能力。

在研究过程中,在积累经验中,在梳理归纳中,我写作的思路逐渐明晰起来。参加工作这么多年,个人成长离不开读书;教学语文这么多年，为了完成教学任务离不开指导学生读书；现在做了关于整本书阅读的课题研究，为了完成课题研究、整理研究成果也离不开读书。因此，我逐渐萌发将读书、学习、工作中积累的经验、反思，形成有形地对教师整本书阅读教学有帮助的文字。这就是我写作此书的初心。有了前期的积累，写作过程还算顺利。

2022年6月，我主持的德州市教育规划重点课题提交了结题报告后，就开始拟定写作提纲，8月和9月分别修改了一次写作提纲。2022年11月正式进入写作阶段。

开启写作后，正值新冠疫情肆虐的阶段，我每天除了完成线上教学任务和巡课任务，就着手进行整本书阅读实践研究的写作。在写作中，边写边思考整本书阅读纳入语文课程体系的理论依据，以帮助老师们提升对整本书阅读的高点站位；在写作中，边写边思考开展整本书阅读工作的实施者阅读力的培养与提升，以保障实施小学语文整本书阅读教学的有效性、高效性；在写作中，边写边查阅相关文献资料，从中了解整本书阅读教学误区与困惑，结合吴欣歆、李煜晖等专家相关整本书阅读理论，及时总结我们在小学语文整本书阅读教学方案建构和教学课型模式研究方面的经验，以期为教师提供将教育理论转化为教学实践的思路；在写作中，边写边整理我校开展整本书阅读教学案例，采取教学分析、点评形式，不但促使自己教学成果的再次归纳与提升，更是希冀为教师的整本书阅读教学提供示例与参考……

一路写来，一路辛苦；

一路写来，一路教育教学思想得到不断提升。

写到这里，我忽然想起奥地利传记大家斯蒂芬·茨威格在《巴尔扎克传》这样一段描述：在巴尔扎克书房的壁炉上方，立着一尊拿破仑的小塑像。巴尔扎克为了激励自己，他写下这样一

后　记

句话：拿破仑以剑开创的伟业，我将以笔来完成。此后，巴尔扎克以笔作剑，他下定决心，要像拿破仑一样征服世界。结果，他做到了。

"一个能思想的人，才真是一个力量无边的人。"

我们是否可以沿着斯蒂芬·茨威格的思路追问下去：巴尔扎克以笔完成的伟业，我们学校和教师可以用什么来延续？整本书阅读的实践研究持续推进，不仅是语文课程改革的重要内容，也是我们一起延续伟业的重要事情。整本书阅读这项伟大的事业也需要有更多有志之士的关注和探索。

路漫漫其修远兮，吾将上下而求索。

期待读者能在阅读本书中有所收获，期待更多的教师加入整本书阅读实践的队伍，期待更多的孩子在整本书阅读中茁壮成长为"读书的种子"，期待更多的孩子肩负起终身阅读者的责任与使命。

王新军

2023 年 2 月